Vegueta Testimonios
Colección dirigida por Eva Moll de Alba

Título original: ***John F. Kennedy. Das geheime Tagebuch. Europa 1937***

Roger de Llúria, 82, principal 1ª
08009 Barcelona
www.veguetaediciones.com

Edición y epílogo: © Oliver Lubrich
Prólogo: © Santiago Muñoz Machado
Traducción del inglés y del alemán: © Lidia Pelayo Alonso
Diseño de la cubierta: Enric Jardí
Diseño de la colección: Sònia Estévez
Fotografía de sobrecubierta: John F. Kennedy en La Haya, Biblioteca y Museo Presidencial de John F. Kennedy, Boston
Fotografía de cubierta: Digitalización del diario de Kirk LeMoyne Billings, Biblioteca y Museo Presidencial de John F. Kennedy, Boston
Impresión y encuadernación: GPS Group

Primera edición: febrero de 2024
ISBN: 978-84-18449-07-9
Depósito legal: B 1629-2024
IBIC: BGHA/BJ

Con el apoyo de

El diario secreto de
John F. Kennedy

Publicado por primera vez en castellano
junto con el diario de viaje de Lem Billings

Edición y epílogo de **Oliver Lubrich**
Prólogo de **Santiago Muñoz Machado**
Traducción de **Lidia Pelayo Alonso**

Vegueta Ediciones

ÍNDICE

SANTIAGO MUÑOZ MACHADO

PRÓLOGO

Madrid, noviembre de 2023

El asesinato, el 22 de noviembre de 1963, del presidente de los Estados Unidos John Fitzgerald Kennedy, conmovió al mundo. No solo por las brutales imágenes, transmitidas en directo por la televisión, en cuya programación no era entonces tan recurrente la violencia, de la muerte inesperada a balazos de un hombre joven y lleno de vida, ni tampoco porque se tratara del presidente de los Estados Unidos, sino porque era, además, el símbolo de una época. El hombre apuesto, de buena familia, formado en las mejores universidades, felizmente casado con una dama de alcurnia, con la que había formado una familia unida que mostraba con gozo a los medios de comunicación en ocasiones íntimas, rodeado de colaboradores inteligentes, referente de una corte moderna instalada en la vieja república americana desde la que gobernaba el mundo; triunfador en momentos de grave riesgo para la paz mundial con los que tuvo que enfrentarse al inicio de su mandato... Este hombre, en el que habían puesto sus esperanzas de redención las minorías de su país, que amaba la libertad por encima de todas las cosas y que se había empeñado en los programas de cooperación con Latinoamérica más generosos que jamás habían existido, ese presidente, ensalzado y admirado por la mayoría, fue asesinado en una calle de Dallas por un tirador solitario del que apenas se ha podido construir una mínima biografía.

El hecho determinó, naturalmente, que los medios de comunicación, las instituciones políticas y judiciales del país, y los escritores de todo el mundo, encontraran en Kennedy, en los Kennedy, un arsenal de historias que investigar y contar. Se han desarrollado investigaciones tan interminables como frustrantes sobre la trama del asesinato y los personajes que protagonizaron la acción: Lee Harvey Oswald, Jack Ruby, las mafias... Se han desarrollado procesos que han conducido más a resaltar lo banal que a ofrecer conclusiones sustantivas. La historia de los Estados Unidos ha incorporado una leyenda de gran impacto popular. Se han filmado muchas películas y realizado gran cantidad de programas de televisión con las versiones más realistas, y también las más extravagantes, de lo ocurrido; han sido publicados centenares de libros y escritas miles de páginas en los periódicos de todo el mundo.

Sigue siendo el asunto Kennedy, el tema de los Kennedy, un argumento que atrae el interés de los lectores y espectadores. Creo que puede decirse que no ha habido un presidente de los Estados Unidos del que los ciudadanos de todo el mundo sepan más que de J.F.K.

Acaba de aparecer en España uno de los últimos libros sobre la época de la presidencia Kennedy, el de Max Hastings *La crisis de los misiles* (Barcelona, Crítica, 2023), sobre un episodio que ha sido infinidad de veces narrado, tanto monográficamente como en las historias generales del siglo xx (por ejemplo, la notable del muy apreciado Tony Judt, *Sobre el olvidado siglo xx* [Madrid, Taurus, 2008, p. 303 y ss.]). Pero, entre los traducidos al español, se han convertido en clásicos la biografía escrita por Theodore C. Sorensen, *Kennedy* (Barcelona, México, Grijalbo, 1966); el libro de Seymour M. Hersh, *La cara oculta de J.F. Kennedy* (Planeta, 1997); o algunos fragmentos truculentos de David Owen *En el poder y la enfermedad* (Madrid, Siruela, 2009). Son una muestra de una inacabable lista a la que hay que añadir los que aún no cuentan con versión española (de Carl Brauer; Peter Collier y David Horowitz; Paul Harper; Michael O'Brien, etc.).

Los viajes por Europa

Entre tantas publicaciones, este librito que prologo es una pequeña joya bibliográfica que no se conocía en España y que ha tenido muy poca difusión en la lengua inglesa original. Es Kennedy visto en su juventud, según las páginas del diario que escribió en 1937, durante un viaje por Europa. Tenía veinte años y siguió la pauta que no pocos jóvenes de familias adineradas de la costa este de Estados Unidos convirtieron en ritual a partir de los felices años veinte: viajar por Europa y conocer su cultura. Este libro recoge tal diario, que redactó a lo largo del viaje con su amigo Kirk LeMoyne. También incluye un interesante epílogo elaborado por Oliver Lubrich que, además de comentar el diario de 1937, amplía la información con referencias a ulteriores viajes de Kennedy a Europa.

Realizó este viaje al término del primer año de estudio en Harvard, en el verano de 1937 (John Fitzgerald nació el 29 de mayo de 1917). Lo hizo en compañía del mencionado Kirk LeMoyne (Lem) Billings en un período de vacaciones y teóricamente de estudios, testimoniado con el esfuerzo de escribir al término del día unas líneas sobre lo más reseñable que habían visto, sus conversaciones y reflexiones. Recorrieron Francia hasta la frontera española, Italia, Austria, Alemania, Países Bajos y Bélgica, y luego en barco hasta Inglaterra. Lo hicieron en el Ford Cabriolet de Kennedy, que embarcaron con ellos. El diario refleja problemas recurrentes de salud, pero se ciñe a reseñar los intereses culturales de Kennedy, muy especialmente las catedrales por las que pasa, o museos que visita, como el Louvre, el Vaticano, u obras de arte que lo conmueven, como *La última cena* de Leonardo en Milán o el *David* de Miguel Ángel en Florencia. Su amigo Lem Billings también dejó escrito un diario con sus impresiones, que se publica, acompañando al de Kennedy, en este libro.

Desde el punto de vista político, el viaje los lleva en Alemania a lugares que fueron el origen y el desarrollo de la difusión nazi, como Múnich o Nüremberg. A punto estuvieron de coincidir con Hitler en esta última ciudad.

La estancia en Alemania duró menos de una semana. Fue un recorrido tranquilo y agradable, según el diario; admirativo y, a veces, deslumbrante para los viajeros. Alemania no estaba todavía colmatada de nazismo y las instituciones oficiales más se dedicaban a impresionar a los visitantes que a ahuyentarlos. El año anterior se habían celebrado los Juegos Olímpicos de 1936, en los que el régimen aplicó su potente propaganda. Todavía no se habían producido las primeras medidas unilaterales de ocupación de los territorios vecinos. La anexión de Austria y la de los Sudetes ocurre en 1938 y estaba por llegar el inicio de la violencia porque la escalada que supuso la «Noche de los cristales rotos» ocurrió en noviembre de 1938. Sin embargo, en el verano de 1937 Alemania era un país normal que se visitaba sin sobresaltos. Por tanto, se relacionan con un nazismo que todavía no está exaltado. No tuvieron malas experiencias allí, como reflejan expresamente los diarios tanto de Kennedy como de su amigo Billings.

Destacan la belleza de los pueblos alemanes, las ciudades limpias y ordenadas que visitan. En un lugar del diario, Kennedy dice incluso que este orden muestra «que las razas nórdicas ciertamente parecen ser superiores a las latinas. Los alemanes son demasiado buenos; por eso la gente se agrupa en su contra, lo hace para protegerse...». Queda muy impresionado por el orden público, tanto en Italia como en Alemania.

La segunda vez que viajó Kennedy a Alemania fue después de la Segunda Guerra Mundial. Cuando su padre era embajador en Londres se pasó un semestre investigando para lo que sería la tesis de final de estudios en Harvard. Le interesó el tema de la docilidad de las democracias europeas en los Acuerdos de Múnich durante los días 29 y 30 de septiembre de 1938. Aquellos días se reunió una conferencia en Múnich, con Chamberlain, Daladier, Mussolini y Hitler, que concluyó aceptando la integración de las zonas de habla alemana de Checoslovaquia y las demás operaciones de expansión que Alemania había decidido por su cuenta. Pensaban ingenuamente sus protagonistas que la conferencia había asegurado «paz para nuestro siglo», pero Hitler no cumplió la promesa de no invadir otros países. Era una medida vinculada a lo que se denominaría el «apaciguamiento» de Hitler, como alternativa al choque bélico. Tardaron mucho las potencias europeas en comprobar que estos buenos propósitos ya eran completamente inútiles.

En los viajes ulteriores Kennedy pudo comprobar el acelerado progreso de la nazificación de Alemania. Los análisis geoestratégicos, políticos y diplomáticos sustituyen en sus escritos la amable consideración del turista aplicado de 1937. En cartas del año 39, escritas en Londres o en Berlín, Kennedy escribe sobre la crisis de Danzig.

Lubrich comenta esas cartas y las apreciaciones del joven sobre lo que comprueba en Alemania en el siguiente viaje, durante el que parece seguir interesado por el culto a la personalidad de Hitler y la enorme atracción que ejerce sobre un pueblo que lo sigue ciegamente. Se pregunta por los fundamentos de la oscura fascinación que rodeó a Hitler incluso después de su muerte. La pieza fundamental es su informe de 1945, después de visitar la Alemania destruida con ocasión de un viaje al final de la guerra y al inicio de la Guerra Fría. Kennedy fue esta vez como observador profesional. Había publicado para el *International News Service,* del empresario William Randolph Hearst, una serie de artículos desde San Francisco, donde se firmó la Carta de las Naciones Unidas el 26 de junio de 1945, y desde Inglaterra con motivo de las elecciones a la Cámara Baja el 5 de julio del mismo año. En este viaje Kennedy sigue utilizando el método de preguntar por la visión política a la gente que se encuentra y a los diplomáticos con los que puede conversar. Pero también observa de cerca a los actores de la posguerra; especialmente a los presidentes norteamericanos. Comenta la destrucción que provocan los bombardeos aéreos y sus efectos positivos y negativos sobre el avance de la guerra.

Cuando volvió a Boston, el 11 de septiembre de 1945, pronunció su primer discurso político ante los veteranos de la *American Legion,* en el que se refirió a Inglaterra, Irlanda y Alemania como «vencedora, neutral y vencida». Y relató sus impresiones del viaje con una mirada hacia el futuro.

En su reflexión sobre la posguerra, que incluye en el discurso, dice:

> «Yo pienso que, durante un tiempo indefinido, deberíamos mantener cierto control en Alemania. El pueblo alemán nunca olvidará ni perdonará esa derrota. No lo

> hicieron los franceses después de 1870 y, sean nazis o enemigos de ellos, no hay motivo para pensar que los alemanes lo harán tras su derrota en 1945. Debemos vigilar, especialmente, sus experimentos científicos, pues la ciencia revela muy rápido los secretos para la aniquilación».

No cabe duda de que estos viajes contribuyeron a la formación del futuro presidente de los Estados Unidos y le dieron una experiencia provechosa.

El año 1937, al que se refiere el diario de juventud que reproduce este libro, está especialmente repleto de acontecimientos de interés. No es fácil saber cuáles de ellos llamarían la atención del estudiante de Harvard, pero es seguro que muchos le deslumbrarían porque mostraban los problemas de una sociedad en crisis y muy distinta de la norteamericana.

Inglaterra, cuando llegó John, estaba conmocionada por la abdicación de Eduardo VIII, luego conocido como Eduardo, duque de Windsor. Había ascendido al trono el 20 de enero de 1936 y abdicó el 11 de diciembre del mismo año. Una crisis constitucional descomunal estuvo en el fondo de la decisión, motivada por la irrevocable decisión del rey de casarse con una divorciada norteamericana, Wallis Simpson.

El año siguiente, el mismo del diario que se publica, 1937, exigió Hitler la anexión de la ciudad libre de Danzig, que el Tratado de Versalles había puesto bajo la protección de la Sociedad de Naciones. Y también el acceso ferroviario extraterritorial por el «corredor polaco», que era la frontera de Polonia con Prusia oriental. En 1938 las fuerzas alemanas entraron en Austria, recibidas entusiásticamente por la población y consumándose la unión política de Alemania y Austria, el llamado *Anschluß*. En septiembre de ese año le llegó el turno a Checoslovaquia, con la crisis de la región de los Sudetes, que también se anexionó a Alemania.

Parece que en este primer viaje Kennedy no cruzó los Pirineos, pero tenía que estar al tanto de las principales acciones bélicas que estaban teniendo lugar en España porque fueron de gran resonancia en toda Europa. A principios de 1937 fue la batalla del Jarama. La capital estaba rodeada por el ejército sublevado y llevó a cabo una maniobra para aislar Madrid, que provocó una batalla en el Jarama. Fue un enfrentamiento a campo abierto, con gran concentración de armamento y contingentes militares, aviación, artillería y tanques. Se dice que es la batalla que internacionalizó el conflicto porque llegaron hasta España combatientes de todos los rincones del mundo: voluntarios de las Brigadas Internacionales, asesores soviéticos y la Legión Cóndor alemana.

El 26 de abril de 1937 la ciudad de Gernika fue bombardeada. Resultó destruida, murieron cientos de personas, fue un ataque indiscriminado contra una ciudad y su población, y se convirtió en el símbolo de los horrores de la guerra plasmado en el cuadro de Pablo Picasso. El mes anterior, la Legión Cóndor bombardeó Albacete, en el bombardeo más cruento de la guerra por el número de víctimas. Asolaron Albacete y los municipios cercanos. Se contabilizaron veintitrés pasadas u oleadas de bombas. El 31 de marzo de 1937 se produjo el bombardeo de Durango, en el marco del ataque franquista para llegar a Bilbao. Fue el primer municipio en el que se bombardeó a civiles.

También hubo un bombardeo contra Almería el 31 de mayo de 1937, concebido como una represalia de Hitler, irritado por la equivocación del ataque al buque *Deutschland*. Actuaron abiertamente, sin ocultar el pabellón alemán. Se iba a contestar el ataque alemán con otro ataque de aviación, pero el presidente Negrín, apoyado por Azaña, lo impidió.

El 30 de julio de 1937 se aprobó en Rusia la orden número 00447 (los dos ceros de la orden significaban que procedía de Stalin), que entró en vigor en agosto, por la que se dispuso la «máxima medida punitiva». Supuso una gran purga de dirigentes que fueron enviados a los gulags o ejecutados. Se desarrolló entre el 1 de diciembre de 1934, con el asesinato de Sergei Kirov, y el 20 de agosto de 1940 con el asesinato de Trotski. En los años críticos de 1937 y 1938 se purgó a miembros del politburó, del Comité Central, delegados del XVII Congreso del Partido (1934), dirigentes del Komsomol (Juventudes Comunistas), secretarios regionales, secretarios de distritos, diplomáticos, funcionarios de la Internacional Comunista, de la Internacional Comunista de las Juventudes, de la Internacional Sindical Roja, el Socorro Rojo, la Escuela Leninista Internacional, etc. También se purgó a diferentes secciones de la Komintern y de diferentes partidos comunistas.

El 5 de noviembre de 1937 Hitler pronuncia el discurso sobre los objetivos de la política del III Reich, entre los que destaca la conquista del espacio vital (el *Lebensraum*) por la fuerza.

El 6 de noviembre de 1937 Italia se une a Alemania en el pacto Antikomintern. El 22 de mayo de 1939 Alemania, Italia y Japón firman el pacto tripartito conocido como la alianza del Eje.

En años sucesivos, cuando volvió a Alemania después de la destrucción de la gran potencia militar por los aliados, Kennedy terminó de aprender todo lo necesario sobre la importancia de la libertad y su precio, la temible expansión del comunismo, la conveniencia de no confiar en medidas de «apaciguamiento» sino de emplear la acción directa contra las amenazas a la paz, y la necesidad de la solidaridad y cooperación entre los pueblos.

Las políticas esenciales del presidente Kennedy

Algunos extractos del memorable discurso inaugural de la presidencia de John Fitzgerald Kennedy, pronunciado el 20 de enero de 1961, están grabados en una placa junto a su tumba en el cementerio de Arlington. Fue la primera pieza oratoria que contribuyó a encumbrarlo al nivel de los mejores presidentes de la historia del país. Los americanos le otorgan en sus votaciones esa condición al lado de Abraham Lincoln, George Washington o Franklin D. Roosevelt. Están marcadas en el discurso las líneas principales de las políticas del gobierno Kennedy, que caracterizarían su truncado mandato. He aquí la transcripción de algunas de sus proclamas:

> «... Hagamos saber a todos los demás países, nos deseen bien o mal, que pagaremos cualquier precio, soportaremos cualquier carga, superaremos cualquier penuria, ofreceremos nuestro respaldo a cualquier amigo y nos opondremos a cualquier enemigo con tal de garantizar el triunfo de la libertad...
>
> A esos habitantes de las chozas y los pueblos de la mitad del planeta que luchan por derribar las barreras de la pobreza colectiva, les prometemos nuestros más sinceros esfuerzos para ayudarles a ayudarse, durante todo el tiempo que haga falta, no porque los comunistas lo estén haciendo, no porque busquemos sus votos, sino porque es justo...

A nuestras repúblicas hermanas allende la frontera meridional, les ofrecemos una promesa especial, convertir nuestras buenas palabras en buenos hechos, ayudar a los hombres libres y a los gobiernos libres a romper las cadenas de la pobreza. No obstante, esta revolución pacífica de esperanza no puede convertirse en presa de potencias hostiles. Hagamos saber a todos nuestros vecinos que nos uniremos a ellos en la lucha contra la agresión y la subversión en cualquier territorio del continente americano...
Exploremos juntos las estrellas, erradiquemos las enfermedades, lleguemos a las profundidades de los océanos y atendamos el arte y el comercio...
En la historia del mundo, solo unas pocas generaciones han asumido el papel de defensoras de la libertad en momentos de máximo peligro. No retrocedo ante esta responsabilidad, le doy la bienvenida...
Por ello, compatriotas, no os preguntéis qué puede hacer vuestro país por vosotros, sino lo que podéis hacer vosotros por vuestro país. Por ello, conciudadanos del mundo, no os preguntéis qué hará Estados Unidos por vosotros sino qué podemos hacer juntos por la libertad».

Están identificados en este primer discurso los elementos esenciales de la presidencia Kennedy: la lucha contra la expansión del comunismo, la defensa de la libertad, la cooperación con Latinoamérica. En todos estos asuntos puede seguirse la huella de la formación del estudiante y del joven profesional que viajó por Europa.

Contra la expansión comunista

El marcado anticomunismo de J.F. Kennedy procedía de sus experiencias europeas y del creciente imperialismo y totalitarismo soviético, que ya preocupó a sus antecesores, pero tenía hondas raíces familiares. Su padre Joe siempre apoyó y estuvo muy próximo al famoso senador por Wisconsin Joseph McCarthy, el gran incitador de la persecución anticomunista que extendió a todos los niveles y oficios de la sociedad estadounidense a principios de los años cincuenta. Robert Kennedy estuvo trabajando para el subcomité de McCarthy. Y Patricia Kennedy tuvo relaciones sentimentales con el senador. John llegó a redactar un informe cuando el Senado decidió censurar al senador por Wisconsin, pero no lo entregó.

Al tomar posesión de la presidencia en enero de 1961, el comunismo se había acercado mucho al territorio de Estados Unidos. Los presidentes anteriores a Kennedy ya habían puesto de manifiesto su firme voluntad de intervenir con ocasión de las actuaciones (que calificaron, con exageración, procomunistas) del gobierno Árbenz en Guatemala. Llegó Jacobo Árbenz al poder en 1951 con un programa de democratización y reformas de la propiedad y sociales muy avanzado para la situación del país, por completo dominado por las empresas norteamericanas, especialmente la United Fruit Company. Esta tenía excelentes relaciones con el gobierno de Washington y, en cuanto Árbenz anunció que expropiaría parte de sus tierras, el gobierno norteamericano (Eisenhower y su secretario de Exteriores John Foster Dulles, abogado y accionista de la United) iniciaron una campaña de desestabilización, encomendada a la CIA, que se sustanció en apoyos programados al coronel Carlos Castillo Armas y en la organización de una gran difamación de Árbenz, del que se dijo que era comunista financiado por Moscú. El acto final fue aprovechar la entrada en Guatemala de un cargamento de armas procedente del este europeo. Castillo atacó, se hizo con el poder como dictador y paró la reforma agraria. Árbenz tuvo que huir.

Pocos años después ocupó la escena de la política continental, con gran impacto, la Revolución cubana. Sus inicios son casi coetáneos con el gobierno de Árbenz, por lo que los norteamericanos apreciaron el nuevo foco revolucionario con particular prevención. Fidel Castro había fracasado en su primer intento de golpe nacionalista de 1953, se exilió en México, conoció allí a Ernesto "Che" Guevara (conocedor de primera mano de lo sucedido con Árbenz), y regresó a Cuba, a bordo del yate Granma, en 1956, buscando refugio en Sierra Maestra y actuando con métodos guerrilleros mientras se desplomaba el régimen de Batista. En 1959 tomó La Habana.

Durante los primeros meses del gobierno revolucionario, Castro situó en puestos clave del Estado a colaboradores de confianza y se decantó hacia un sistema dictatorial de gobierno, pero la Administración Eisenhower todavía esperaba, cuando Castro visitó Estados Unidos en 1959, que no abrazara el comunismo. Viajó de nuevo en 1960 y, en esta ocasión, despachó críticas duras al imperialismo norteamericano en su conferencia ante las Naciones Unidas. Ocurrió en septiembre de dicho año (casi al tiempo en que el país decidía entre los candidatos Nixon y Kennedy a la presidencia), y en el mes de febrero anterior se había hecho público un acuerdo comercial entre Cuba y la Unión Soviética que contemplaba el intercambio de azúcar por petróleo. El gobierno de Estados Unidos redujo, en un primer momento, las importaciones de productos cubanos; Castro contestó nacionalizando las sociedades petroleras, y Eisenhower encargó a la CIA que derrocase a Castro; poco después, rompió las relaciones diplomáticas y decretó el embargo comercial de la isla.

Esta fue la situación que heredó J.F. Kennedy cuando llegó al poder. Reaccionó admirablemente en favor de los pueblos latinos criticando la política seguida con Cuba, pero no levantó la propaganda que estaba desarrollándose contra Castro ni paró los preparativos de la CIA para derrocarlo. Cuando atisbó la acción, en 1961, Castro proclamó el marxismo leninismo como régimen político de Cuba. Kennedy declaró que la política de no intervención no permitía no reaccionar ante supuestos de agresión, y nunca debería ser un obstáculo para impedir la penetración comunista. En este sentido se orientó la resolución del Congreso de septiembre de 1962 que autorizó al presidente a intervenir en Cuba en caso de que desde la isla se amenazase la seguridad de Estados Unidos. Se formó así una Doctrina Kennedy que complementaba la Doctrina Monroe de 1823.

La intervención preparada por la CIA fue una chapuza total. Kennedy se la encontró, al parecer, por completo diseñada en la época del gobierno de Eisenhower, pero contribuyó a su previsible fracaso ordenando que no tuviera ningún apoyo ni de la aviación ni de la armada estadounidense. La invasión de la bahía de Cochinos o de playa Girón fue protagonizada por 1500 exiliados cubanos que no pudieron hacer mella ni a las defensas antiaéreas ni a la infantería cubana, que los destrozó y obligó a huir.

Kennedy abandonó la política de invasión, pero no cejó en los intentos de acabar con Castro, contra el que se organizaron atentados en el marco del plan denominado Operación Mangosta. No consiguió acabar con él, pero la OEA expulsó a Cuba, a instancias de Washington. Este ambiente de máxima hostilidad determinó a Castro a pedir protección de la Unión Soviética, que se la ofreció en términos contundentes ordenando la instalación de una base de misiles en Cuba. Aviones de espionaje la descubrieron en 1962 y se originó una peligrosa crisis que llevó al mundo al borde del abismo. Kennedy ordenó el bloqueo naval a Cuba, con orden de interceptar cualquier navío soviético que se aproximara a la isla. Las tensiones de aquellos días concluyeron, como es bien conocido, con una negociación en la que se llegó al acuerdo de que la Unión Soviética retiraba sus misiles y Estados Unidos hacía la firme promesa de no intervenir Cuba en el futuro.

El Gobierno cubano dedicó muchas iniciativas a la exportación de la revolución por el mundo, a la creación de muchos Vietnam, como decía el Che. Se celebra en la Habana en 1966, con participación de más de ochenta países, la Conferencia Tricontinental, donde Guevara expone su idea de globalización de la revolución. Fracasó y, poco después, sería asesinado en Bolivia.

Las intervenciones directas de Estados Unidos en otros países se estaban inspirando en la experiencia negativa del «apaciguamiento» fracasado de Hitler y el nazismo, que se había intentado ingenuamente por sus vecinos europeos con la esperanza de evitar la guerra. Se concluyó, por experiencia, que resultaba políticamente más adecuado no dejar crecer las semillas del mal y, para eso, convenía no dudar en la intervención.

En Vietnam, las acciones las había iniciado Eisenhower, quien usó fuerza militar contra Ho Chi Minh invocando la necesidad de oponerse con medios militares a la expansión del comunismo. De aquí los programas de ayuda implementados en favor de Vietnam del Sur, donde envió importantes contingentes de soldados. J.F. Kennedy creó la fórmula de las *free-fire zones*, en las que se podía utilizar napalm y gas naranja, entre otro armamento de destrucción. Más tarde tuvo lugar el arresto y ejecución del presidente de Vietnam del Sur Ngo Dinh Diem. Y, a partir de ese episodio, los horrores de la guerra crecieron y el conflicto se hizo imparable. La especulación que historiadores y expertos han mantenido es sobre la probabilidad de que Kennedy, si no hubiera sido asesinado, hubiera mandado retirar las tropas americanas. Se basan, sobre todo, en unas declaraciones del Secretario de Estado de Defensa Robert McNamara que apuntaban tal posibilidad.

La buena vecindad con Latinoamérica

Las relaciones de Estados Unidos con Latinoamérica han pasado por diferentes periodos. Los primeros, desde el siglo XIX, se caracterizaron por la expansión territorial, la ocupación de espacios que, en principio, pertenecieron a alguna de las nuevas repúblicas, especialmente a México. Siguió la época dominada por la Doctrina Monroe, de 1923, proclamada, según sus mentores, para defender Latinoamérica de las invasiones europeas. Siendo presidente Theodore Roosevelt, la doctrina se amplió con el Corolario Roosevelt que habilitaba más directamente la intervención ante cualquier situación amenazadora. Abrió la época del *Big Stick* en las relaciones con los vecinos meridionales.

A partir de 1933 la política de Estados Unidos para Iberoamérica la cambia el nuevo presidente Franklin Delano Roosevelt. El 12 de abril de 1933, en su discurso ante la III Conferencia Panamericana, Roosevelt se refirió de manera expresa a la «política de buena vecindad» con Iberoamérica:

> «La amistad entre Estados, al igual que la amistad entre personas, exige la realización de un esfuerzo de carácter constructivo que ponga en marcha las energías de la humanidad con el fin de crear una atmósfera de íntima comprensión y estrecha colaboración. La amistad presupone el respeto mutuo y la asunción de compromisos recíprocos, pues sólo a través del respeto por los derechos de los demás y de un exacto cumplimiento de las obligaciones contraídas por cada miembro de la comunidad internacional se podrá preservar la verdadera hermandad. Los rasgos de un panamericanismo genuino tienen que ser los mismos que distinguen a una buena vecindad, a saber: comprensión mutua y, basado en ésta, el respeto por el punto de vista del otro. Sólo de esta forma podemos tener la esperanza de construir un sistema cuyos pilares sean la confianza mutua, la amistad y la buena voluntad».

Durante la Gran Depresión, que determinó una crisis de exportaciones, el antiamericanismo creció mucho. Ahora era populista, como lo fueron los gobiernos de algunos Estados en los años treinta. Se produjeron revueltas y disturbios xenófobos y antiamericanos. Herbert Hoover visitó Latinoamérica en 1928, antes de ser elegido, y utilizó en la ocasión el concepto de «buena vecindad». Y el secretario de Estado J. Reuben Clark hizo una declaración en la que destacaba que la Doctrina Monroe no había sido creada para intervenir, sino para evitar ataques de Europa a América. Y que nunca se había aplicado a las relaciones interamericanas. Hoover, siendo presidente, publicó este Memorando en 1930 y su secretario de exteriores, Henry L. Stimson, revocó expresamente en una conferencia de prensa el derecho de intervención de EE. UU. y el Corolario de Roosevelt. Instruyeron a sus representantes para que los contenciosos se plantaran ante los tribunales latinoamericanos, para evitar un «cobro militar» de deudas.

Pero fue Roosevelt (Francis Delano) quien lanzó, en definitiva, *The Good Neighbor Policy*, la política de buena vecindad. La Doctrina Monroe se había creado para la defensa contra potencias no americanas. El progreso, dijo, solo vendría del crecimiento conjunto de la civilización y no a costa de los demás. La idea central de esta política habría de ser el libre comercio como guía, no la intervención.

Al finalizar la Segunda Guerra Mundial, en 1945, los Estados Unidos habían conseguido una posición nueva en el mundo. Habían celebrado acuerdos con muchos países iberoamericanos, desde los años treinta, para la defensa del hemisferio Occidental contra posibles amenazas. Pero ahora también se vieron involucrados en los nuevos problemas de la posguerra. La Guerra Fría y la crisis social y económica se empezaron a apreciar en los Estados iberoamericanos. Se llegó a importantes acuerdos en la Conferencia de Río de Janeiro, celebrada en agosto de 1947, y con la fundación en marzo de 1948 de la Organización de Estados Americanos. Firmaron un tratado de asistencia recíproca y se crearon los mecanismos necesarios para el arreglo amistoso de los conflictos surgidos entre países pertenecientes al continente, estableciendo que el ataque contra un Estado americano sería considerado un ataque contra todos los demás.

Esta es la situación de las relaciones con América Latina que encontró Kennedy cuando llegó a la presidencia. El asunto de las relaciones con los vecinos continentales fue para él de la máxima prioridad. Tanta que el segundo gran discurso de la presidencia tuvo lugar solo dos meses después del inaugural. Ocurrió el 13 de marzo de 1961. Ese día reunió en la Casa Blanca a todo el cuerpo diplomático latinoamericano, y pronunció un discurso que se considera el acta fundacional de la «Alianza para el progreso». Dijo en la ocasión:

> «Del buen éxito de la lucha de nuestros pueblos, de nuestra capacidad para brindarles una vida mejor, depende el futuro de la libertad en las Américas... El no consagrar nuestras energías al progreso económico y a la justicia social [...] constituiría un monumental fracaso de nuestra sociedad libre. [...] Por eso he hecho un llamamiento a todos los pueblos del hemisferio para que nos unamos en nueva Alianza para el progreso, en un vasto esfuerzo de cooperación [...] a fin de satisfacer las necesidades fundamentales de los pueblos de las Américas, las necesidades fundamentales de techo, trabajo, tierra, salud y escuelas».

A continuación hizo aprobar, en 1961, una ley de ayuda a Iberoamérica en la que se preveía una financiación de 600 millones para los países iberoamericanos. Su política de buenas relaciones con ellos abrió nuevas esperanzas de cooperación. Creó la agencia federal Cuerpo de Paz, que facilitaba el contacto entre jóvenes norteamericanos y latinoamericanos en el campo de la ayuda humanitaria. Se suscribieron diferentes acuerdos con la OEA, con el Banco Interamericano de Desarrollo y otras instituciones de cooperación, hasta que se constituyó la denominada «Alianza para el Progreso», que constituía un programa de ayuda al extranjero mayor que ningún otro aprobado con anterioridad.

Naciones Unidas declaró la década de 1960 como la «década del desarrollo». Pero la aplicación de las ayudas encontró muchas dificultades porque su concesión implicaba la asunción de responsabilidades de reforma fiscal y la implementación obligatoria de programas sociales y de empleo. Incluso el Congreso agravó la gestión ideando, con la aprobación, en 1962, de la enmienda Hickenlooper, la condición, para recibir la ayuda, de que el Estado peticionario no hubiera nacionalizado propiedades de ciudadanos norteamericanos sin reconocerles ninguna indemnización. Años después del asesinato de Kennedy, los estados latinoamericanos, reunidos en Viña del Mar, en 1969, manifestaron al presidente Nixon su decepción por el resultado del programa y constataron que el desarrollo esperado no se había producido.

En defensa de la libertad y contra la segregación racial

En los años cincuenta y primeros del sesenta del siglo XX se produjeron situaciones decisivas de defensa y progreso de la protección de los derechos de las minorías afroamericanas en Estados Unidos. La época de Kennedy conoció las medidas más decididas, como llegó a reconocer el reverendo Martin Luther King a finales de 1962, cuando dijo que «Esta Administración ha sobrepasado a todas las anteriores en la amplitud de sus esfuerzos para defender los derechos civiles».

El anterior presidente, Eisenhower, vio muy mermada su imagen por no poder resolver los problemas de segregación racial, a pesar de la famosa sentencia de 1954 en la que fue declarada inconstitucional su aplicación en los colegios. Lo hizo la Sentencia del Tribunal Constitucional *Brown v. Board of Education of Topeka* del 17 de mayo de 1954; sentencia recibida con abierta oposición a su cumplimiento. El Tribunal Supremo había dejado a los jueces estatales la ejecución de lo decidido y se encontró con estados, como Arkansas, que se negaron abiertamente a hacerlo. Fue, por cierto, una sentencia del Tribunal Warren, el mismo juez presidente que pocos años después tuvo que presidir la comisión encargada de investigar el asesinato de Kennedy, con resultados tan discutidos. La Sentencia Brown, seguida de otras varias que declararon la inconstitucionalidad de la segregación en los transportes (*Swann v. Charlotte-Mecklenburg Board of Education de 1971*) y otros sistemas colectivos, fue una de las más importantes de la historia de los Estados Unidos.

Eliminar la segregación racial fue un objetivo de la Administración Kennedy. Trató de ganar apoyos en el Congreso. Kennedy creía que las manifestaciones por los derechos civiles perjudicaban la política legislativa porque irritaban a los políticos de los Estados del sur. Se distanció de estos movimientos de derechos civiles, pero sacó adelante una legislación avanzada.

A principios de 1961 empezó a nombrar jueces y funcionarios afroamericanos, pero fue a principios de 1962 cuando se realzó su imagen de defensor de la igualdad contra la segregación y la discriminación racial. Fue el momento en el que apoyó al alumno afroamericano James Meredith, a quien no habían permitido matricularse en la Universidad de Misisipi obstaculizado por violentas manifestaciones de blancos, enviando tres mil soldados para asegurar que pudiera matricularse. También envió a la Guardia Nacional a Alabama para contrarrestar al gobernador George Wallace, que impedía el paso a la Universidad de los estudiantes negros.

En junio de 1963 Kennedy sentó las bases de la ley de derechos civiles al presentar un proyecto de ley que incluía medidas como la protección de los derechos de voto facilitando el acceso libre de los afroamericanos a todos los locales públicos.

Otro hito en defensa de la libertad que ha pasado a la historia fue su discurso en Berlín del 26 de julio de 1963. La Alemania dividida tras la Segunda Guerra Mundial, entre aliados y soviéticos, sufrió el oprobio de la construcción de un muro que separaba físicamente a las dos Alemanias para contener la fuga de ciudadanos de la parte oriental. El muro de Berlín quedó establecido el 13 de agosto de 1961, pocos meses después de que Kennedy accediera a la presidencia de Estados Unidos. Kennedy vuelve a Alemania y pronuncia un discurso memorable. Es un momento de máxima tensión en las relaciones con la Unión Soviética, en los que se teme incluso que pudieran las tropas soviéticas promover un choque bélico con Berlín occidental.

Desde el balcón del edificio Rathaus Schöneberg, de Berlín, declaró que el muro era un gran símbolo del fracaso comunista:

> «La libertad supone muchas dificultades y la democracia no es perfecta, pero jamás nos vimos obligados a erigir un muro para poder confinar a nuestro pueblo».

Y usó la frase (la leyenda Kennedy dice que improvisada a ultima hora y traducida por su traductor y aprendida por el presidente poco antes del inicio del acto) *Ich bin ein Berliner*, emulando la que era común en Roma para reclamar todos los derechos de ciudadanía:

«Hace dos mil años era un orgullo decir *civis romanus sum* (soy ciudadano romano). Hoy, en el mundo de la libertad, uno puede estar orgulloso de decir *Ich bin ein Berliner*... Todos los hombres son libres, donde quiera que vivan, son ciudadanos de Berlín, y, por ello, como un hombre libre, estoy orgulloso de decir *ich bin ein Berliner*».

Todo lo que resultaba admirable

El 22 de diciembre de 1963, cuando el francotirador Oswald acabó con la vida de Kennedy, se había conseguido construir a su alrededor un ambiente subyugante. El primer atractivo fue la juventud del presidente, que apenas veinte años antes había viajado por Europa como un estudiante sin mucha formación, que se sentía fascinado por la rotundidad de la Historia del Viejo Continente plasmada en sus monumentos y en incontables obras de arte. La misma Europa que produciría poco después millones de muertos en guerras provocadas por líderes enloquecidos que enardecieron a sus pueblos con relatos que hablaban de supremacismo racial y de expansión territorial, o que vendieron a saldo ideologías que redimirían definitivamente a la clase trabajadora.

Desde los momentos de la campaña electoral para la presidencia, los asesores de Kennedy tuvieron muy en cuenta la importancia de la imagen y establecieron criterios de presentación del candidato que fueron revoluciona-rios entonces y supusieron enseñanzas que no se han olvidado nunca por los asesores políticos. Kennedy y Nixon protagonizaron el primer debate televisado entre candidatos. La presentación influyó mucho en los resultados, nadie lo ha negado: Nixon mal afeitado y con aspecto cansado porque acababa de salir de una inoportuna enfermedad; mal maquillado. Kennedy con un aspecto saludable que no se correspondía con sus achaques crónicos, que eran tan serios como bien disimulados; con buen color y una preparación mayor que la que realmente tenía.

De esa buena presentación del personaje hicieron mucho uso sus asesores. Esa familia maravillosamente feliz, representación del sueño americano, ese puñado de amigos fieles que había reproducido el mito de Camelot, los niños correteando de la mano del padre por las galerías de la Casa Blanca, fotografiados aprovechando unas horas de ausencia de la madre, a la que no gustaba que publicaran fotos de los niños; aquella deliciosa foto de John Jr. debajo de la mesa presidencial del despacho oval mientras su padre trabajaba en solitario. La mitología de la esposa inteligente y eficaz como compañera intelectual y hasta como buena ama de casa: fue famosa la remodelación total que Jaqueline impulsó en la Casa Blanca, asesorada por los mejores expertos en muebles de la na-ción, para convertirla en un lugar adecuado a la dignidad de sus inquilinos.

Estas imágenes han prevalecido sobre cualquier otra y han influido en que el balance de la presidencia de John Fitzgerald Kennedy se presente siempre como admirable, a la altura, como ya he indicado, de los más importantes presidentes de la historia. Esta es una valoración extendida por todo el mundo, al que no parece habérsele ofrecido una figura presidencial tan digna de general admiración en los años sucesivos. Ni siquiera ha sido una excepción Barack Obama, a pesar de sus políticas progresistas y de haber sido el primer presidente de color. Morir en acto de servicio suma muchos puntos en el corazón del pueblo.

Los apresuramientos y las inconsistencias del tiempo de Kennedy han pasado todos a un segundo plano después de tanta especulación sobre las circunstancias de su asesinato. Algún comentarista de la vida presidencial de Kennedy, como el antiguo director del Washington Post Ben Bradlee, dijo de su presidencia que «su breve paso por el poder estuvo más lleno de promesas que de actuaciones». «Tenía menos convicciones de lo que yo creía, poca ideología y menos sentimientos. Las convicciones que de verdad tenía estaba dispuesto a arrinconarlas, sobre todo si con ello evitaba enfrentamientos o el riesgo de que le consideraran un estúpido» (B. Bradlee, *J. F. Kennedy en la intimidad*, traducción española, 2ª ed, México, p. 465). Nadie sabe, puesto que se trata de una opinión sin ninguna información complementaria, lo que hubo de cierto en todo ello. Lo que ha quedado para el mundo es el resumen que he formulado más arriba.

Por lo que respecta a España, las relaciones de los gobiernos de Franco con Kennedy y su entorno fueron prácticamente inexistentes. Hay informaciones poco contrastadas sobre la presencia del primogénito de los Kennedy, Joseph Patrick, Joe para la familia, y de John Fitzgerald en España durante la Guerra Civil. Las noticias periodísticas son contradictorias. Se dice que fue en el año 39 cuando llegó a Barcelona, pero que John ya había estado antes en España en el viaje que hizo cuando tenía 20 años. Las cartas y diarios de los dos jóvenes dieron una información de primera mano al padre Joseph Patrick Kennedy, quien tan solo un año después, en 1938, se convertiría en embajador de Estados Unidos en Londres. Son, en todo caso, informaciones que no fueron utilizadas nunca ni por los Kennedy ni por el régimen de Franco.

Con el Generalísimo se comportaron los norteamericanos como solían hacerlo con las dictaduras hispanoamericanas que les daban seguridad sobre su radical oposición al comunismo. Estados Unidos reconfortó a Franco a partir de los acuerdos de 1953, y lo celebró con la visita, ampliamente publicitada, de Eisenhower a España.

Durante la presidencia de Kennedy, no hubo relaciones especialmente intensas. Parece que fue el ministro de Asuntos Exteriores, Fernando María Castiella, quien propuso como embajador en Washington a un profesional de mentalidad liberal, Antonio Garrigues Díaz-Cañabate, que consiguió congeniar con los Kennedy y entablar con ellos unas relaciones fecundas que sirvieron, al menos, para que Jaqueline visitara España y trabara relaciones con la aristocracia histórica y financiera.

No obstante, el día del asesinato de Kennedy no fue Franco el primero en enviar sus condolencias.

JOHN F. KENNEDY

DIARIO DE EUROPA

Julio – septiembre de 1937

PORTADA DEL DIARIO DE VIAJE DE JOHN F. KENNEDY.

GOING

Date July 1, 1937

S. S. ....

Line S. S. Washington
United States Line

Captain's Autograph

PLACES VISITED

DATE August 20. Friday

PLACE Nurenberg - Wurtenberg

Started out as usual except this time we had the added attraction of being spitten on. Due to the cold stopped short of Frankfurt. Offie is quite a problem because when he's got to go - he goes.

PLACES VISITED

DATE August 22-Sunday

PLACE Cologne - Amsterdam

Got up in the worst day we've had yet and parted on good terms with the woman for about the first time. The women seem to be the more honest - strange as it seems. Went to mass at the cathedral which is really the heighth in Gothic architecture - the most beautiful really of all we have seen. I am then headed for Utrecht on one of the new autobahns that are the finest roads in the world. Really unnecessary thing in Germany as the

S. S. Washington, 1 al 7 de julio de 1937

Una travesía muy tranquila. Los primeros dos días fueron bastante aburridos, pero luego estuvimos con unas chicas; sobre todo con Ann Reed. Tomé unas copas con el capitán, que conocía a sir Thomas Lipton y, por lo tanto, al abuelo. Lo más interesante fueron el general Hill y su misteriosa hija. Él era congresista y ella podría haber sido cualquier cosa. Ben Welles, Robert, mi hermano, Crimson, Burnham, etc., también están a bordo, así que bastante bien. El camarero y su máquina de servir azúcar son un problema. Me quedé despierto para ver Irlanda. Atracamos en Le Havre. Primero fuimos al Mont Saint-Michel y luego hacia Ruan.

Ruan y Beauvais, miércoles 7 de julio de 1937

La catedral de Ruan es impresionante. Llegamos allí después de regresar de la ruta hacia el Mont Saint-Michel. Comimos en Ruan y nos dirigimos a Beauvais, donde nos impresionó la altura y tamaño de la catedral. Nos alojamos en un pequeño hostal donde tuvimos nuestras primeras experiencias con los franceses. Esa noche fuimos a un festival y después nos acostamos.

Reims, jueves 8 de julio de 1937

Me levanté a las doce, escribí cartas, tomé el almuerzo, fui a sacar dinero y conseguí la medicina para el «mal d'estomac» de Billings con bastantes dificultades. Luego fui a Soissons y vi el Chemin des Dames, uno de los grandes escenarios de batalla de la guerra. También vi la catedral que fue bombardeada. Después nos trasladamos a Reims, donde visitamos la catedral y fuimos al Hotel Majesty (1.00 [$] por la habitación doble). Mi francés ha mejorado un poco, Billings se está volviendo francés. Me fui a la cama pronto. Reina el sentimiento generalizado de que no habrá otra guerra.

Reims, Château-Thierry y París, viernes 9 de julio de 1937

Me levanté alrededor de las diez. Visitamos la catedral y luego nos dirigimos al Fort de la Pompelle; el lugar de algunos de los peores combates de la guerra. Luego almorzamos y visitamos las bodegas de champán de Pompernay, situadas en las antiguas cuevas de caliza de los galos. Una buena acogida. Luego estuve hablando con el dueño mientras tomábamos una botella de champán, a la que nos invitó. La impresión generalizada es que, aunque les gusta mucho Roosevelt, su forma de gobierno no tendría éxito en un país como Francia, donde parece faltarles la habilidad para ver un problema en su conjunto. No les gusta Blum porque les quita su dinero y se lo da a otros. Eso es *très mauvais* para un francés. Parece que la impresión generalizada es que no habrá una guerra en el futuro próximo y que Francia está muy preparada para enfrentarse a Alemania. La continuidad de la alianza entre

Alemania e Italia también es cuestionable. Desde allí fuimos a Château-Thierry y recogimos a dos oficiales franceses de camino. Llegamos a París sobre las ocho. Por un error en francés invitamos a uno de los oficiales a la cena, pero conseguimos que pagase una parte. Estuvimos buscando y al final conseguimos una habitación bastante barata para esa noche (35 francos).

París, sábado 10 de julio de 1937

Me desperté a la una. Encontramos un nuevo alojamiento por 40 francos. Nos hemos acostumbrado a dejar el coche cerca para evitar que suba el precio. Hemos arreglado los faros, pero nos los han vuelto a romper. Estos franceses intentan engañarnos constantemente. Fuimos a Notre Dame y luego dimos una vuelta por París. Esa noche fuimos al Moulin Rouge y al Café des Artistes y conocimos a algunos artistas famosos. Billings quería volver al hotel pronto, pero no lo hizo.

París, domingo 11 de julio de 1937

Fuimos a la iglesia y, después de comer, a Fontainebleau. Muy interesante, pero no es como esperas porque todo parece muy artificial. Bastante atestado y el toque distintivo de los franceses es su aliento a col y el hecho de que no hay bañeras. De todas formas, di de comer chicle a los peces y volví para ver una película y acostarme. Me resultan complicados los huevos pues hay que pedirlos con seis minutos de antelación porque a los fuegos les pasa algo.

París, lunes 12 de julio de 1937

El lunes por la mañana fui a American Express, localicé a Pourtales e Iselin y conseguí contactar con Ann Reed. Hacía un día horrible, así que fuimos a ver *La buena tierra* por la tarde.

París, martes 13 de julio de 1937

Me levanté pronto y fuimos a Notre Dame para oír al cardenal Pacelli. Estaba atestado, pero me aferré a un oficial y conseguí un buen sitio cerca del altar. Una ceremonia impresionante que duró tres horas. Billings tuvo que esperar en la nave de la iglesia. Comimos con C. Offie, el secretario de Bullitts, y luego fuimos a Versalles, que es impresionante. Encontramos los establos y la gente nos gritó a la salida. Llevé a Ann Reed a Maurice Chevalier por la noche y me acordé mucho del Old Howard. Estuve caminando un poco y luego me fui a la cama.

París, miércoles 14 de julio de 1937

Dormí bastante y por la tarde visitamos la Exposición Universal. Resultó bastante decepcionante pero los aviones fueron un éxito. Cenamos con Pourtales, Iselin, Ann Semler y demás, y luego estuvimos mirando a la multitud que estaba en la calle por el 14 de julio. Me encontré con Jonas en Harry's Bar y fuimos a algunos sitios más. Parece que el plan principal es pedir champán. Una noche muy entretenida.

París, jueves 15 de julio de 1937

Fuimos a American Express por la mañana y vi a Bruce Lerner, que ahora tiene bigote. Comimos con unos amigos de Billings de Princeton y fue bastante interesante, aunque caro. Por la tarde hicimos una visita rápida al Louvre, donde ya había estado. Esa tarde vimos una película y luego me fui a la cama. He aprendido un poco más, aunque mis conocimientos siguen siendo difusos. He decidido leer *Inside Europe*, de Gunther.

París, viernes 16 de julio de 1937

Me levanté temprano después de maldecir mucho y fuimos a la tumba de Napoleón y al Palacio de los Inválidos, que es muy interesante. Luego a la Exposición Universal y subimos a la torre Eiffel tras conseguir convencer a Billings de que el ascenso a pie sería una travesía bastante larga. Por la tarde fuimos a La Conciergerie, donde encerraron a María Antonieta. Un gran contraste con Versalles. Esa noche fui a ver otra película con Ann Reed y Billings volvió al alojamiento.

París, Chartres, Orléans, sábado 17 de julio de 1937

Por fin estuvimos listos para irnos de París tras cambiar nuestro billete del President Harding, del que todo el mundo dice que es horrible y tarda nueve días, por el del S. S. Washington. Esto significa que llegaré dos días tarde al campamento de fútbol, pero ahora parece que no voy a jugar. Vimos a Jonas en el A. E. y luego salimos hacia Chartres. Paramos en Versalles para visitar el Trianón y vimos la idea de «vida sencilla» de María Antonieta. Seguimos hasta Chartres una ventana impresionante y esa noche llegamos a Orléans alrededor de las diez. Muchos problemas con el Montana.

Orléans, Chambord, Amboise, domingo 18 de julio de 1937

Misa en una catedral y un paseo breve. Es increíble lo pequeño que es este sitio. En realidad, Francia es una nación bastante primitiva. Fuimos al *château* de Chambord, una buena vista. Un palacete de caza que acogía a dos mil personas. El tejado es como el de un pueblo; construido por Francisco I. Billings, se estuvo quejando mucho y perdió su cuaderno de notas, pero lo recuperó con la ayuda de una joven francesa. Hablé con un par de ingleses; uno de ellos fue al Trinity College de Cambridge, se llama Ward. Dijo que «nos adaptásemos a su ambiente», lo que en ese momento no sería complicado. Pensaba que Roosevelt era el mejor «dictador». Un baño en el Loira, que tiene bastante corriente, y luego proseguimos. Vimos el *château* de Blois y paramos a pasar la noche en Amboise para visitar el *château* que hay allí. Nos acordamos del perro del cementerio norteamericano de Château-Thierry y decidimos no ir esa noche. Acudimos a una feria y nos ganamos a nuestro perro. (Cumpleaños de mamá). El sendero de árboles de Blois es impresionante.

JOHN F. KENNEDY EN CHAMBORD.

Amboise, Chenonceaux, Angulema, lunes 19 de julio de 1937

Me levanté alrededor de las diez después de desayunar en la cama y fuimos al *château*, que es un bastión increíblemente impresionante. Los muros son muy altos, pero el interior es precioso. Vimos el Muro de los Conspiradores, donde colgaron a mil quinientas personas, y también el lugar donde Carlos VIII se golpeó la cabeza y murió. Al final nos hicieron salir y seguimos a Chenonceaux, construido sobre el agua y también impresionante. Este es el que más me ha gustado. Condujimos hasta Angulema atravesando Tours y Poitiers, ambas ciudades desiertas, y pasamos allí la noche por diez francos cada uno.

Angulema hacia San Juan de Luz, martes 20 de julio de 1937

Empezamos el viaje cerca de las once. Nos detuvimos a comer a las dos. Tuvimos los problemas habituales canjeando nuestros cheques de viaje. Europa no está, para nada, tan preparada para los turistas como creíamos. Muy impresionado por las pequeñas granjas por las que hemos conducido. Estados Unidos no es consciente de lo afortunado que es. Estas personas se contentan con muy poco y tienen muy poco, así que es un país muy conservador, al menos en cuanto sales de París. Por fin nos hemos encontrado con Pourtales e Iselin. Una película y luego a la cama, después del Club Cesari.

San Juan de Luz, miércoles 21 de julio de 1937

Escribí cartas toda la mañana y por la tarde fuimos a la playa. Película por la noche.

San Juan de Luz, jueves 22 de julio de 1937

Dormí hasta tarde. Por la tarde vimos un juego de pelota. Me recordó al libro *Ratmucho*[1], donde se describe por primera vez este juego. Mucho más lento que el Jai alai, que es un juego en el que se usan bates. Fuimos a nadar y después, esa noche, tras un cóctel de los Wilson, jugamos a la petanca, perdí setenta francos. Salí con una chica francesa. Sus costumbres, muy estrictas, exigen que tengan carabina hasta los veintiún años o así.

San Juan de Luz, viernes 23 de julio de 1937

Me levanté pronto y fui a la playa. Tenis por la tarde y *Buffalo Bill* por la noche. Gary Cooper y los indios hablando francés bien merecen el precio de la entrada.

San Juan de Luz, sábado 24 de julio de 1937

En la playa toda la mañana y parte de la tarde. Fuimos a Biarritz por la tarde para las entradas de la corrida de toros.

1. Obra de de Pierre Loti, publicada en París en 1897.

Me siento más favorable hacia el gobierno después de leer a Gunther, aunque San Juan es un bastión rebelde. Inglaterra se opone a Franco porque no quiere que el Mediterráneo sea un mar fascista. La pregunta es cuánta influencia tienen Alemania y Hitler. ¿Hasta dónde llegarán los países para que venza su bando? ¿Qué tipo de gobierno tendría Franco? ¿E Inglaterra y Alemania?

San Juan de Luz, domingo 25 de julio de 1937

Fuimos a misa a las diez en la iglesia donde se casó Luis XIV con María Teresa. Muy bonita. Después de comer volvimos a Biarritz, luego condujimos hasta la frontera española con Wilson, Pourtalis, Iselin, etc., y visitamos Irún, que fue bombardeada por los rebeldes. La historia de un padre hambriento al que tuvieron sin comer en la prisión durante una semana, le llevaron un pedazo de carne, se lo comió y después vio el cuerpo de su hijo al que le habían cortado un trozo de carne, me hace rechazar al gobierno. Un gobierno demasiado dividido como para unir a España. Inglaterra se inclina un poco hacia Franco.

San Juan de Luz, lunes 26 de julio de 1937
Corrida de toros

En la playa toda la mañana. Conocí a la señora Meyers, mujer del ministro de Haití, que conoció a madre y a Kick en Berlín el verano pasado. Por la tarde fuimos a una corrida de toros. Muy interesante, pero muy cruel, sobre todo cuando el toro embistió al caballo. Ahora me creo todas las historias terribles de que estos sureños, como los franceses y los españoles, disfrutan de estas atrocidades. Les pareció que era muy divertido cuando el caballo salió corriendo de la plaza con las tripas colgando. Después conseguimos comprar un par de banderillas por 20 céntimos cada una.

Lourdes, Toulouse, martes 27 de julio de 1937

Nos despedimos de Pourtalis después de muchas emociones y nos dirigimos a Marsella. Nos detenemos de camino para visitar Lourdes, la gruta donde la Virgen se le apareció a santa Bernadette, y ahora el lugar donde miles de enfermos piden ser curados. Muy interesante, pero la situación se invirtió cuando Billings enfermó bastante después de marcharnos. Decidimos pasar la noche en Toulouse. La temperatura de Billings ha subido a 39,5 °C.

Toulouse, miércoles 28 de julio de 1937

Mucho calor en Toulouse. Esperamos un día para que el pobre Billings se recupere. He seguido leyendo a Gunther. Ahora no soy tan optimista por la victoria de Franco. Es evidente que las personas a tu alrededor pueden influir mucho en ti si no sabes nada y es muy fácil creerte lo que quieres creer, como hace la gente de San Juan. Lo importante sobre la cuestión de la victoria es hasta dónde llegarán Alemania, Italia y Rusia para intentar asegurar la victoria de su bando, lo honesto que es el comité de no intervención y cuáles serán los resultados.

Toulouse, Carcassonne, Cannes, jueves 29 de julio de 1937

Dejamos Toulouse y paramos en Carcassonne, una antigua ciudad medieval en perfecto estado, que es más de lo que se puede decir de Billings. Muy interesante. Llegamos a Cannes sobre las nueve tras un viaje de 350 millas y nos alojamos en un hotel bastante caro (35 francos). El servicio es un 15 %, lo

KENNEDY TREPA POR LOS MUROS DE CARCASSONNE.

que es un auténtico robo. Cannes parece tener mucha más vida que Biarritz. Nos quedaremos aquí hasta que el «inválido» esté bien. Esta es una Francia muy diferente a la Francia azotada por la pobreza por la que hemos conducido.

Cannes, viernes 30 de julio de 1937

Fui a nadar por la mañana. Una playa preciosa. Por la tarde dormí. Esa noche fui al Palm Beach Casino e intenté hablar un poco con las chicas norteamericanas, pero sin éxito. Después estuve viendo algunas cosas por ahí. Billings tuvo una cita con Simone Corsica.

Cannes, Montecarlo, sábado 31 de julio de 1937

Me desperté tarde; no muy animado. Estuve dormitando en la playa más o menos una hora y luego salimos hacia Montecarlo pasando por Niza. Fuimos por Saint Cassien y a través de las montañas. Muy bonito. Nos alojamos en Montecarlo por 15 francos. Fuimos a ver *Ben-Hur* esa noche. No nos dejaron pasar al Casino, pero conseguimos entrar en el club deportivo. Perdí todo lo que había logrado ganar antes. Es muy bonito. De hecho, es el mejor club nocturno en el que he estado.

BILLINGS EN CANNES.

Montecarlo, Savona, domingo 1 de agosto de 1937

Fui a la iglesia y después a la playa. Conseguí entrar gratis. Vi allí a Jane Kaufman, que fue muy elegante. Vi también nuestras primeras chicas extranjeras guapas. Por la tarde cruzamos con mucha dificultad la frontera hacia Italia. Compramos unos recibos para hoteles. Las calles italianas son más bulliciosas y llenas de vida que las de Francia y su gente parece más atractiva. Parece que el fascismo los trata bien.

Savona, Génova, Milán, lunes 2 de agosto de 1937

Después de algunos problemas en nuestro hotel, fuimos hasta Milán pasando por Génova. Nos quedamos en el hotel de un propietario fascista que había estado en Abisinia, de la que nos contó que había sido fácil de conquistar, pero también muy desagradable. Muy impresionado por la inteligencia de algunos niños de la edad de Bobby y por el hecho de que todos parecen reglamentados. Hay imágenes de Mussolini por todas partes. ¿Cuánto tiempo aguantará sin dinero? ¿Y seguirá luchando cuando quiebre? Si no es así, no sé cómo habrá guerra hasta 1945 o 1950. El coche está encerrado en el patio de la iglesia.

KENNEDY EN LA FRONTERA FRANCOITALIANA.

Milán, Piacenza, martes 3 de agosto de 1937

Dormí hasta tarde y por la tarde tomamos un tour de American Express por Milán. Una catedral preciosa, una de las mayores del mundo[2]. Hay un cardenal enterrado allí con muchas joyas de Cellini y demás. Su esqueleto se saca por la ciudad en un ataúd de cristal cada cien años. La última vez, en 1910, se rompió parte del cristal y la calavera se puso negra. Vimos *La última cena* de Leonardo da Vinci. Billings consiguió hacerme una foto en el cementerio, donde estaba prohibido, pero tenía la tapa puesta en el objetivo. De igual forma, conseguí meterlo en la catedral, pero se me olvidó girar la foto, así que ahora tenemos otras dos buenas para nuestra colección. Seguimos hasta Piacenza. He terminado con Gunther y he llegado a la conclusión de que el fascismo es lo adecuado para Alemania e Italia, al comunismo para Rusia y la democracia para Estados Unidos e Inglaterra. El libro de Gunther me ha parecido muy interesante, pero parece ser más favorable al socialismo y al comunismo, y un férreo enemigo del fascismo. ¿Qué tiene de malo el fascismo en comparación con el comunismo?

Piacenza, Pisa, miércoles 4 de agosto de 1937

Nos ha costado mucho salir porque han acusado a Billings de haber roto la toalla de Madame y de haber dejado una mitad en el escritorio y la otra en el baño. Una multitud agolpada y

2. Unas ventanas enormes. Un grupo. Yardas: 35 [30 metros]. (Nota de John F. Kennedy)

muchas maldiciones en italiano. Hemos recogido a un chico alemán, Martin, de camino a Pisa. Ha sido interesante porque estaba en contra del nacionalsocialismo y de Hitler. Nos ha contado todos los abusos que sufren. Nos habló de la radio rusa que dijo a los alemanes con tres semanas de antelación que tendrían cartillas de racionamiento para la mantequilla. Nos dijo que los alemanes odiaban a los rusos. Parece que la próxima guerra vendría en esa dirección, sobre todo porque Inglaterra y el resto de Europa parecen estar distanciándose de Rusia. Visitamos la torre de Pisa y el Baptisterio que hace un eco como el de un órgano y luego proseguimos nuestro camino hacia Roma, hicimos una parada en un pueblo a unos ciento cincuenta kilómetros.

Roma, jueves 5 de agosto de 1937

Martin y Krause, nuestro otro compañero de viaje alemán, se «despertaron» después de haber pasado toda la noche durmiendo en el coche. Salimos hacia Roma. Es increíble cómo se las arreglan con tan poco. Martin había conseguido unos tomates y pan para cenar la noche anterior que le costaron una lira y media. Decidimos darnos un baño y casi fue nuestro final porque tardamos más de dos horas en sacar el coche y volver a inflar las ruedas. Llegamos a Roma sobre las cinco y media y fuimos a American Express, donde recogí un telegrama de mi padre y me enteré de que mi madre y Joe iban de camino a Europa con Kick. Dejamos a Martin y a Krause y luego fuimos a buscar un hotel. Esa noche «nos colamos» en el Coliseo y nos encontramos con que estaba lleno de gente. Impresiona mucho a la luz de la luna.

KENNEDY ANTE LA TORRE INCLINADA DE PISA.

KENNEDY CON DOS AUTOESTOPISTAS ALEMANES.

KENNEDY EN LA CATEDRAL DE PISA.

Roma, viernes 6 de agosto de 1937

Me levanté a eso de las nueve, pero cuando tuve mis zapatos «pulidos», lo que llevó unos treinta y cinco minutos, ya eran más de las once y fuimos a ver a Galeazzi, que ya no estaba allí. Intenté ver a Cortesi, el corresponsal de *The New York Times*. Tampoco estaba, y menos aún el señor Philipps, pero me salvó del fracaso absoluto ver al señor Reed, consejero de la Embajada; un hombre muy atractivo. Vimos Sant'Angelo (la tumba de Adriano), el Panteón, el Coliseo, el Foro por la tarde. He decidido que los italianos son la raza más escandalosa que existe; tienen que meterse en todo, incluso si simplemente es Billings sonándose la nariz. Galeazzi llamó tarde y balbuceó algo sobre una audiencia.

Roma, sábado 7 de agosto de 1937

Quedamos con Galeazzi pronto, nos reunimos con él y nos enteramos de que íbamos a tener una audiencia. Fuimos a su piso y conocí a las tres sobrinas del obispo Spellman. Nos subimos al coche de Galeazzi y nos dirigimos a la residencia de verano del Papa. Primero tuvimos una audiencia privada con el cardenal Pacelli, que me preguntó por mis padres. Es un gran hombre, aunque su inglés es bastante malo. Después tuvimos una audiencia con el Papa, con otras mil personas en la sala, que estaba abarrotada. Parecía muy enfermo, pero dio un largo discurso. Después de eso fuimos a comer y luego a Tívoli para ver las preciosas fuentes, que son impresionantes. La más extraordinaria es una que reproduce música cuando el agua pasa por ella. Luego regresamos a Roma y cenamos en casa de Galeazzi. Me habló largo y tendido sobre las virtudes del fascismo y parecía que tenía razón en algunas cosas, sobre todo en el sistema corporativo que parece un avance bastante interesante.

Roma, Nápoles, Vesubio, Pompeya, domingo 8 de agosto de 1937

Fuimos a la misa en San Pedro, que es increíblemente impresionante y, sin lugar a dudas, el edificio más bonito que hemos visto hasta ahora. Salimos hacia Nápoles inmediatamente después y llegamos allí alrededor de las dos. Pagamos 26 liras para usar la *autostrada*[3] y aprendimos que la única manera de ver Pompeya era entrando a hurtadillas; y eso hicimos. Nos marchamos al Vesubio y recogimos a una pareja de soldados alemanes por el camino. Aunque el coche se quejó mucho, llegamos a la cima tras muchos esfuerzos. Para entonces ya había anochecido y el Vesubio, que liberaba pequeñas erupciones cada pocos minutos, era impresionante. Hicimos unas fotos allí arriba y después descendimos y nos llevamos al guía con nosotros, quien resultó ser el zalamero del pueblo. Tuvimos que correr por la *autostrada* porque habíamos perdido nuestro recibo y fue bastante emocionante. Conseguimos una habitación por la noche; después de estrechar mucho la mano con una camarera nada atractiva logramos una buena habitación. Cansados pero contentos.

3. Autopista. (N. de la T.)

Capri, Roma, lunes 9 de agosto de 1937

Salimos hacia Capri después de ir apresurados buscando dinero para, al final, tomarlo prestado de los alemanes que también iban hacia allí. Fuimos a la gruta Azul, que es una cueva bajo el mar, el agua tiene un color azul precioso, aunque no tan bonito y azul para las treinta liras que al final reunimos a duras penas. Compramos nuestra porción de cajas en Capri, que es bastante bonito, y luego volvimos a casa, a Roma, nuestro destino final, donde llegamos alrededor de las dos con los alemanes en el asiento trasero.

Roma, martes 10 de agosto de 1937

Fuimos a American Express por la mañana y oímos hablar de Eunnie, Torb y Olive. Por la tarde fuimos a ver al señor Cortesi, el hombre de *The New York Times* en Roma. Es muy interesante y me ha dado algunos argumentos muy buenos. Parecía creer que un comité de no intervención era una válvula de seguridad, pero no de mucha utilidad real, pues a ninguno de los países le gustaría retirar sus ejércitos; especialmente a los rojos, ya que muchos de sus voluntarios provienen de todos los rincones del mundo. El hecho de que Italia retire sus tropas también es improbable. Dijo que había algunos alemanes en España. También dijo que la guerra parecía improbable, puesto que, si alguien quisiera una guerra, ya habría tenido excusas suficientes para iniciarla. También explicó la declaración de guerra de Mussolini; que era simplemente la forma latina de decir lo mismo que declaraba Inglaterra sobre la paz y el rearme. Dijo que el fascismo no era injusto con el trabajador, que de hecho le concedía muchas ventajas. Muy a favor del sistema corporativista. Dijo que el mayor peligro de una guerra era que alguien retase a Italia o a Alemania; más bien a Alemania, pues Italia aún tenía que gestionar Etiopía. Dijo que el fascismo se originaba directamente del socialismo. Dijo que ahora Europa está muy preparada para la guerra, en comparación con 1914.

Esa noche tuvimos un par de citas que salieron bastante bien. Jóvenes muy guapas, aunque el que no hablásemos italiano fue un impedimento temporal. Billings se sabía algunos trucos que merece la pena recordar y nos fuimos a la cama cansados ¡pero contentos!

Roma, miércoles 11 de agosto de 1937

Recorrimos el Museo Vaticano con el señor Conti, aunque no había mucho movimiento. Lo terminamos en una hora. Fuimos a comer y nos encontró la chica de Billings, que necesitaba dinero para el billete. Esto llevó algo de tiempo y Lemmer estaba un poco molesto, lo que resultaba comprensible. Por la tarde visitamos más iglesias, incluida la de San Juan de Letrán, donde subimos de rodillas los escalones por los que Cristo bajó. Recorrimos las catacumbas y nos relataron algunos milagros, como el de san Lucas y el de la cabeza de san Pedro.

Roma, Florencia, jueves 12 de agosto de 1937

Salimos hacia Florencia sobre las doce de la mañana tras mucho batallar con el propietario bizco que resultó ser un auténtico estafador a pesar de ser un «italiano y un caballero». Conseguimos ahorrarnos 60 liras, pero salimos de Roma entre las habituales maldiciones de los botones. Llegamos tarde a Florencia y nos alojamos en el mejor hotel del viaje.

BILLINGS Y KENNEDY EN EL VATICANO.

Florencia, Venecia, viernes 13 de agosto de 1937

Estuvimos paseando por Florencia y nos decepcionó bastante, aunque el *David* de Miguel Ángel nos pareció impresionante. Salimos por la tarde hacia Venecia y nos impresionaron los canales, que son más numerosos de lo que esperábamos. De nuevo nos dieron una habitación por 25 liras mientras que a los alemanes les cobraron ocho. Tengo que conseguir unos pantalones cortos.

Venecia, sábado 14 de agosto de 1937

Fuimos a la playa Excelsior en el Lido por la mañana y vimos a Barbara Hutton y a Al Lerner, aunque no juntos. Luego nos encontramos con Joe y Elie Hoguet y cenamos con ellos esa noche. Muy impresionado por la Piazza San Marco, que es increíble. También estoy un poco harto de los espaguetis. Descubrimos que los Hoguet viven aquí con mucho menos dinero que nosotros. Volvimos a pasar mala noche por los mosquitos, pues parece que nuestra mosquitera los atrapa dentro.

Venecia, domingo 15 de agosto de 1937

Fui a la misa en San Marco tras muchas dificultades, y luego al Lido donde le dimos buen uso a la cabaña de Al Lerner. Luego nos sentamos en el muelle con los Hoguet, Dumpling y Harrison. Después nos fuimos al American Bar y Billings consiguió por fin hacer una foto con las palomas. Cenamos con los Hoguet y demás, y fuimos a un concierto en la plaza.

PERSEO CON LA CABEZA DE MEDUSA, FLORENCIA.

KENNEDY ALIMENTANDO A LAS PALOMAS DE
LA PIAZZA SAN MARCO, VENECIA.

Subimos en una góndola, que habría sido bastante romántico si no fuera porque Billings, como siempre, consiguió convertirlo en un trío gay. Billings niega esta acusación injustificada pues Kennedy siempre se entromete en todo.

De Venecia a Innsbruck, lunes 16 de agosto de 1937

Decidimos viajar hacia Múnich a causa de la lluvia. Recogimos a la alegría de la huerta que llevábamos además de Heinz y salimos. Un viaje desagradable y para cuando llegamos al paso de Brenner hacía bastante frío. Los austriacos nos impresionaron mucho porque son muy diferentes a los italianos. Nos alojamos en un albergue juvenil que resultó muy incómodo para «Su Majestad». No era muy bueno porque había unos cuarenta en una habitación minúscula y darse un baño se consideraba una vergüenza.

Innsbruck, Múnich, martes 17 de agosto de 1937

Salimos pronto, aunque no por elección propia. «Su Majestad» declaró que su noche no había sido ni mucho menos agradable. Salimos desde los Alpes hacia Alemania tras exigir dinero a Johanna, que estaba bastante molesta. Nos detuvimos en Garmish, donde habían tenido lugar los Juegos Olímpicos, después en Oberammergau donde vi a Cristo (Anton Lang). Llegamos a Múnich sobre las ocho y fuimos a la cervecería Hofbräuhaus, que fue muy interesante. Aquí Hitler parece ser tan popular como lo era Mussolini en Italia, aunque la propaganda parece ser su mayor arma.

Múnich, miércoles 18 de agosto de 1937

Me levanté tarde y no demasiado animado. Tuve una charla con el propietario, que es seguidor de Hitler. No hay duda de que estos dictadores son más famosos dentro del país que fuera por la efectividad de su propaganda. Fuimos a ver el Deutsches Museum por la tarde, que es asombrosamente interesante, pues muestra las distintas etapas de la minería, enseña el desarrollo de la aviación y demás. Es una gran obra y demuestra el detallismo de los alemanes. Esa noche fuimos a ver *Comenzó en el trópico* por segunda vez y me gustó más que la primera; seguramente porque hace bastante que no veo una película. Cuando regresamos al coche encontramos una nota de Pourtales e Iselin, y nos reunimos con ellos en la cervecería Hofbräuhaus con Ann Hollister y Joe Garrety de Harvard. Fuimos a un local nocturno de Múnich que era un poco particular.

Múnich, Núremberg, jueves 19 de agosto de 1937

Tras las maldiciones habituales y que nos dijeran que no éramos unos caballeros, dejamos la pensión Bristol y fuimos a American Express. Allí vimos a Pourtales e Iselin, arruinados, les prestamos veinte y salimos hacia Núremberg. Paramos de camino y le compré a Offie, un *dachshund*[4] muy bonito, por ocho, como regalo para Olive. Enseguida empecé a tener alergia y etc., así que las probabilidades de que Offie llegue a Estados Unidos son ocho a una.

4. Raza de perro también conocida como «perro salchicha». Kennedy decide nombrarlo Offie en honor al secretario del embajador de Estados Unidos en París. Billings, en cambio, lo llama Dunker. (N. de la T.)

Núremberg, Wurtemberg, viernes 20 de agosto de 1937

Empezamos el día con normalidad, excepto porque en esta ocasión tuvimos la experiencia añadida de que nos escupieran. Hicimos una parada corta en Frankfurt por el frío. Offie es un problema porque cuando tiene que hacerlo, lo hace.

Wurtemberg, Colonia, sábado 21 de agosto de 1937

Fuimos hacia Colonia pasando por Frankfurt, donde paramos a ver más *dachshunds*, porque Offie es adorable. Sin embargo, no tuvimos suerte, así que seguimos nuestro viaje subiendo por el Rin. Es precioso porque hay muchos castillos de camino. Todas las ciudades son muy bonitas, demostrando que las razas nórdicas ciertamente parecen ser superiores a las latinas. Los alemanes son demasiado buenos; por eso la gente se agrupa en su contra, lo hace para protegerse...

Colonia, Ámsterdam, domingo 22 de agosto de 1937

Nos hemos levantado en lo que ha resultado ser el peor día que hemos tenido hasta la fecha y quedamos en buenos términos con la dueña por primera vez. Parece que las mujeres son más honestas; por extraño que parezca. Fuimos a misa en la catedral, que es el culmen de la arquitectura gótica. Es la más bonita de todas las que hemos visto. Desde allí salimos hacia Utrecht en una de las nuevas autopistas que son las mejores carreteras del mundo. Sin embargo, en realidad son innecesarias, pues hay muy poco tráfico en Alemania. No obstante, serían estupendas en Estados Unidos, puesto que no tienen límite de velocidad. Estuvimos buscando más perros y luego cruzamos la frontera de Holanda, donde todos se asemejan a Juliana y Bernhard. Pagamos tasas por utilizar las carreteras en lugar de que se añadieran a la gasolina, lo que yo creo que es una muy buena idea, pues hace que la gasolina sea más barata y que viajar sea más barato, por lo menos para los turistas. Aunque supongo que el tamaño reducido del país tiene algo que ver con ello. Nos detuvimos en Doorn y vimos donde vive el káiser, a pesar de que su residencia está completamente rodeada de alambre de espino. Seguimos hasta Ámsterdam, donde nos alojamos por dos florines.

Ámsterdam, La Haya, lunes 23 de agosto de 1937

Nos levantamos y fuimos a ver si encontrábamos otro *dachshund*, e incluso llegamos a ir a un mercado de perros, pero no tuvimos suerte. Visitamos el museo y vimos *La ronda de noche* de Rembrandt que es muy famosa y tiene una historia muy interesante. Por la tarde me hice una prueba para ver si era Dunker quien me daba alergia. Eso parecía. Después salimos hacia La Haya, donde escogimos un alojamiento barato porque no nos quedaba dinero.

La Haya, Amberes, martes 24 de agosto de 1937

Tras levantarnos fuimos a American Express donde nos encontramos con un hombre que estaba interesado en que le diéramos el *dachshund*. Decidimos pensárnoslo, pero primero dimos un paseo por La Haya, que era un sitio aburrido, guiados por uno de estos aprendices de guía turístico que lo hacía gratis. Vendí el perro por cinco florines y luego salimos hacia Amberes donde hablé con mi madre en una llamada a cobro revertido que, sin embargo, me costó 60 francos. Debería aprender a hablar francés mejor.

KENNEDY Y BILLINGS CON EL *DACHSHUND* OFFIE EN LA HAYA.

Gante, Londres, miércoles 25 de agosto de 1937

Salimos de Gante, donde hemos pasado la noche, y fuimos a la playa de Ostende, donde hacía mucho frío, así que seguimos hasta Calais para descubrir que habíamos perdido el barco que cruza el canal. Aún faltaban cinco minutos para que saliera el barco del correo, pero, debido a algún malentendido con Billings por el pasaporte, lo perdimos por diez segundos, aunque Billings logró hacer un poco de deporte, que le hace falta. Fuimos a Boulogne y cogí el barco de correo allí porque quería ver a Joe y Kick antes de que se marcharan de Londres. Billings se quedó con el coche. Llegué a Londres con un tal señor Naylor que conocía a mi padre y me acerqué a ver a Kick. Joe, Scotie Schriber y Freddie Cosgrove estaban con Kick. Me dio la dirección de un sitio donde podíamos alojarnos.

Londres, jueves 26 de agosto de 1937

Comí con Doug Wilkinson y el señor Harrisson en el Savoy y luego fui de compras con Kick. Joe había ido a ver a Harold Laski. Me encontré con Billings y fuimos al 17 de Talbot Square, que tenía buen aspecto. Esa noche Kick nos llevó a ver *French without tears*[5], que fue una idea fantástica. Nos encontramos con Indre Gardiner y Colter, el compañero de cuarto de Sam Merrill. Después fuimos a Dorchester House.

5. Obra de teatro de Terence Rattigan, 1936. (N. de la T.)

EN LA PLAYA DE OSTENDE.

Londres, viernes 27 de agosto de 1937

Despierto desde pronto para tomar el tren hacia Southampton al que subían Joe y Kick. Vi a mi madre en el barco y me permití una ración generosa de chocolatinas y zumo de tomate. Cuando regresé a Londres descubrí que tenía urticaria. Me fui a la habitación y me encontré fatal.

Londres, sábado 28 de agosto de 1937

Aún enfermo. He pasado muy mala noche. Billings ha encontrado un médico «estupendo» que me preguntó si había mezclado las chocolatinas y el zumo de tomate en un solo vaso. Al final conseguí convencerle de que no. He cambiado de médico.

Londres, domingo 29 de agosto de 1937

Sigo con la urticaria. Un nuevo médico para la urticaria y el recuento sanguíneo es de 4000.

Londres, domingo 29 de agosto de 1937

Menos urticaria y un médico nuevo. Blambo ha llegado a la ciudad. He escuchado el combate de Tommy Farr contra Joe Louis y he ganado seis chelines gracias a la fuerza elemental galesa. He conocido a la novia de Blambo, que es muy divertida.

Londres, lunes 30 de agosto de 1937

Me encuentro bien así que me he levantado por la tarde y hemos ido a hacer algunas compras. Película por la noche.

KENNEDY EN LONDRES.

Londres, martes 31 de agosto de 1937

He contactado con sir Paul Latham, que nos ha invitado a su castillo[6].

Londres, castillo de Herstmonceux, miércoles 1 de septiembre de 1937

Estuvimos comprando todo el día y luego salimos hacia la residencia de sir Paul, un castillo enorme con unas habitaciones magníficamente decoradas. Una habitación medía 40 yardas [36 metros]; era un dormitorio. Tomamos oca para cenar y me quedé levantado hasta las tres.

Castillo de Herstmonceux, jueves 2 de septiembre de 1937

Decidí marcharme esa noche, pero según fue transcurriendo el día Herstmonceux me fue pareciendo un lugar más y más agradable. Sin embargo, debido a la persuasión amable del tímido Stanley, salimos hacia Londres y tomamos el tren de las 22:30 hasta la residencia de sir James. Solo teníamos una sábana y una almohada porque íbamos en tercera clase. Muy incómodo.

Kinross-shire, viernes 3 de septiembre de 1937

Llegamos a Ledlanet alrededor de las ocho y media y fuimos a pescar con sir James por la mañana. Fue una pesca bastante

6. De Herstmonceux (N. de la T.)

complicada pues sir James atrapó la mayoría de los peces mientras que nosotros tuvimos que devolver los nuestros al agua. Por la tarde lo intentamos con los conejos, pero sin éxito. Aquí sirven muy buenas comidas. La hora de acostarse es a las diez y a partir de entonces es bastante peligroso moverse por la residencia, pues sir James escatima bastante con la electricidad.

1. ¿Mussolini es más popular ahora que antes de la cuestión abisinia?
2. Si se retirasen las tropas extranjeras, ¿cuáles serían las posibilidades de Franco? ¿Postura de Inglaterra?
3. Si Franco gana, ¿qué influencia tendrá Mussolini? ¿Y Hitler? —¿Podría haber un conflicto entre esos dos países?
4. ¿No disminuye la posibilidad de una guerra según se fortalece Gran Bretaña? ¿O un país como Italia tiene que ir a la guerra cuando hay descontento económico?
   ¿Acaso Mussolini no desaparecería si hubiera una guerra, pues, con toda probabilidad, Italia sería derrotada en una gran guerra?
   ¿Sería posible el fascismo en un país con la distribución económica de la riqueza de Estados Unidos?
   ¿Podría ser permanente la alianza entre Alemania e Italia o sus intereses entran demasiado en conflicto? ¿Y Austria y Yugoslavia?
   ¿La posición de Francia?
   ¿La posición de Rusia?

Gunther dice: «El fascismo, momentáneamente poderoso, podría ser la última agonía convulsa del ciclo capitalista, y en ese caso el fascismo habría sido simplemente el preludio del comunismo». ¿Es esto cierto?

KIRK LEMOYNE BILLINGS

DIARIO DE VIAJE

Julio – septiembre de 1937

Hollister — we went to a Munich night
bit different of nothing else.

August 19 —

After the usual amount of cursing + bei
+ that germans would never act that way
which except for queer money matters had
saw Pourtales & Iselin at the American
started out for Nurenburg. — got there
plenty interesting trip, and after alot of tr
very surly looking proprietor — so we
him better in the morning.

August 20

As we guessed
darned proprietor
were even prepare
pay $.60 which he
of us — the wh
sweepingly shown
us — as we got
we went on a
berg — both of
had been stolen
coocoo clock +

Kennedy + the only pigeon he could attract

have been trying for some time to get a
so far haven't been able to. We le
after lunch + continued our search a
+ went on many a wild goose chas
in Wurtenberg for $8 which we ma
german word we knew — we think
However Jack immediately developed a

DIARIO DE VIAJE DE 1937, ENTRADAS SOBRE ALEMANIA, KIRK LEMOYNE BILLINGS.

ch night club - which was certainly a

st 19 - Munich - Nurenberg

ing + being told we were not gentlemen
hat way we left the Pension Bristol -
his had been an awfully nice place. We
American Express also Harlon Swift. - Then
got there darned late at night after a
alot of trouble found a hotel - with a
- so we felt we'd probably get to Kna

ugust 20 - Nurenberg - Wurstenberg

e guessed we did have trouble with that
proprietor - in fact he was worse than we
een prepared for - because we refused to
o which he was trying his best to gyp out
- the whole thing ended up by his
ingly showing us the door + then spitting on
as we got out - at least we think he did
ent on a bit of a spending spree in Nuren-
- both of us bought cameras - as mine
een stolen ~~try~~ in Rome. Jack got a
clock + some toys for his family. We
to get a dachshound for Olive - but
. We left for ~~Nurenberg~~ Wurstenberg
search all along the road for a dog.
oose chase. - we finally bought one
we named "Dunker" - after the only
we think him a thing of great beauty
veloped asthma + hay fever - so it

closed - so we spent the time opening it while they closed it -

August 17 — Innsbruck - Munich —

up plenty early altho certainly not by choice — as our friends had to bounce on their bikes around 5 — Started over the alps to germany after extracting as much money from Johanna as we could get - also we got a bit from good old Heinz - both of them were very upset. We stopped at germish where the Olympic games were held + right near there went thru a really beautiful but very wet cascade. From there we went on to Oberammergau where the passion plays are held — there we saw + bought post-cards from Christus - Anton Lang. We arrived in Munich around eight + got what looked like a darned good room - we took Heinz out to dinner + finally got him on the train also got Johanna safely into a youth Hostel - then to Munich's great Hofbrau house — where we stayed until pretty late - meeting what seemed a great part of the german nation. - tried to get away with some steins - Kennedy got one I didn't — as they inspected me. Hitler seems very popular here — you can't help but like a dictator when you are in his own country - as you hear so many wonderful things about him and really no bad things. - Hitler's strongest weapon seems to be

Equipment. Everything a traveler needs is carried on the bicycle. Youth Hostels are a day's ride—about 45 miles—apart.

his very efficient propaganda

August 18 — Munich -

got up ~~early~~ late + had quite a talk with our proprietor - who is a plenty big Hitler backer — walked around Munich a bit the rest of the morning — In the afternoon took in the Deutschen Museum — it really is terribly interesting — it has every thing there

Innsbruck - Showing the marvelous view of the Alps — / Cascades near germish

and is certainly the most educative thing we have seen — we enjoyed [illegible] but [illegible] were terribly disappointed when we found we couldn't finish it — The germans have done a real job - here and the the whole thing shows their very exact sense of detail. That night we went to see "Swing high, Swing low -" in English - The first movie we've enjoyed since Paris — found when we got back to the car a note from [illegible] + Pourtales — so met them at the Hofbrau house — They were with a pal from Boston named [illegible] looks like his chances of getting back to America are plenty slim. Our first night with him was a bit anxious — as we had to train him to stay in his bed — he learned very quickly — but one thing we can't train him — which makes him quite a problem — for when he's got to go he goes.

Interior of Koln Dom (Cathedral)

August 21 — Wurtenberg — Koln (Cologne)

Started out for Cologne by way of Frankfort — we stopped all along the way trying to find another dachshund — as Dunker is so very attractive — we both want one to take care of. — however we had absolutely no luck — (luckily) — so we continued our way up the Rhine. This trip is very beautiful — there are castles all along the way. — we didn't have time to stop and look at any of them — All these german towns are very attractive — clean & well planned out — this is certainly a great difference from the dirty little Italian towns, that we have gotten to dislike so much. The germans seem to do everything well — and their only trouble is that they are a little to concious of it. — We arrived in Koln late — and after a great deal of trouble as the town was very crowded, we finally secured cheap rooms. — however got a darned nice one.

- Dunker - LEM & Dunker LEM & Dunker - Wurtenburg

- Dunker -

August 22 — Koln — Amsterdam

Got up at 6 which is now my usual rising hour since we've acquired "Dunker" — as it is absolutely necessary to take him out then altho I admit it doesn't do an awful lot of good. The morning was really lousy — but we parted with our proprietor on extremely good terms. We went to mass in the Cathedral which is a wonderful example of gothic architecture at its absolute height. It is really the most beautiful cathedral we have seen and strangely enough we never heard any mention of it in Art 202. From Koln we headed for Utrecht on one of the auto stradas — which are said to be the finest roads in the world. — They seem however absolutely unnecessary in Germany as there is very little traffic — however perhaps Hitler in building them has something up his sleeve & is planning to put them to use for military purposes. Went across the border into Holland, where we spent at least an hour at the border — every dutch woman has that Juliana look about her — heard immediately what a gay dog this Prince Bernhard is. We paid our gas tax before entering which seems to be a pretty sound idea. We stopped in at Doorn and saw where the Kaiser lives — at least we saw his body houses — they are enormous — he certainly isn't living in poverty. We wasted a bit more time trying to buy another dachshund — but finally got to Amsterdam pretty late. Kennedy spends a great deal of his time juggling — so I finally took his picture during the process!

'Jugglin' Jack.

August 23 — Amsterdam — Hague

Up & immediately set out to find another Dunker — we even went so far as to look for one in the dog market — no luck (again luckily) — after lunch we went to the Amsterdam museum pictured on the opposite page — and saw there many Rembrandts among which were his famous "Night Watch" & his self portrait. Both of these pictures were of primary importance in Charles Laughton's movie Rembrandt — which made them darned interesting. The "Night Watch" has an especially interesting history. We had a guide who poled it plenty. Jack went to a doctor & to find out about Dunker giving him hay fever — reports were plenty unfavorable for the Dunker & we were thinking

30 de junio al 7 de julio de 1937

Embarcamos en el S. S. Washington el 30 de junio. Mi madre, el tío Ike, Florence Page, Blambo y Suekie vinieron a despedirme. Dormí durante los primeros días. El nuestro era un camarote interior, así que perdimos el sentido del tiempo. Parecía que iba a ser una travesía bastante aburrida a juzgar por el resto de pasajeros, pero pronto conocimos a una irlandesa agradable, Eileen O'Connor. Gané treinta al bingo. Después conocí a una amiga de los Wood y Dan Coyle, Louise Berry. Kennedy estaba muy bien atendido por Ann Reid. Un hombre llamado general Hill y su misteriosa hija se encargaron de que continuase la fiesta. Él era congresista, y ella podría haber sido cualquier cosa. Hay muchos de Harvard a bordo, y entre ellos estaba el viejo Choatie Crimmius, así que el ambiente era bastante alegre. Nos quedamos despiertos toda la noche para ver Irlanda; no mereció la pena, pues tuvimos que pasar el día siguiente durmiendo. Fue una travesía muy tranquila, así que no puse a prueba mi estómago; lo que también estuvo bien porque la comida era exquisita. Tuvimos un camarero comunista que no esbozó ni una sonrisa, excepto cuando el barco estuvo detenido en Irlanda y oyó que eso le había costado mil dólares a la naviera; eso le hizo ir riendo por la cubierta. Llegamos a Havre el 7 de julio y, después de ver cómo arañaban los guardabarros del coche de Jack mientras lo descargaban, empezamos nuestro viaje.

Ruan, Beauvais, 7 de julio de 1937

Hoy hemos tenido nuestra primera experiencia con los franceses. Ha sido bastante divertido probar nuestro dudoso francés con ellos. Enseguida me he quedado impresionado por las casas de campo francesas. Son muy distintas a los edificios de Estados Unidos. Hemos empezado nuestro trayecto por el país de las catedrales por Ruan. La visita a nuestra primera catedral nos ha impresionado mucho. Me ha gustado mucho ver el edificio que prácticamente hizo que suspendiera el examen final de Arte. También vimos la torre de mantequilla, que el pueblo de Ruan construyó con los impuestos a la mantequilla. No sé cómo consiguieron reunir tanto, pues aquí la mantequilla es tan escasa como el oro. Otro elemento del temario de Arte 202, la iglesia de San Maclou, está también en Ruan. Tuvimos nuestro primer forcejeo con la comida extranjera en Ruan, y comimos bastante, a pesar de la leche hervida tibia. Llegamos a Beauvais algo tarde, pero encontramos un pequeño hostal francés donde nos hablaron en inglés, y el aliento de la dueña merecía que nos hubiéramos ido de allí. El interior de la iglesia de Beauvais es tan impresionante como nos habían contado. Nadie puede llegar a imaginar la altura increíble de ese edificio. Es difícil comprender cómo los antiguos franceses fueron capaces de planificar y construir algo así, pues los franceses modernos parecen ser perfectamente incapaces de construir nada. También nos impresionó el reloj tan interesante que había en la catedral. Solo hay que darle cuerda cada cien años. Esa noche fuimos a la feria y vimos al primer grupo de soldados franceses. Había cientos de ellos. Parece que Francia está bien preparada, al menos en lo que respecta a su ejército activo.

Soissons, Rheims, 8 de julio de 1937

Me desperté tarde y descubrí que Kennedy necesitaba medicación. Finalmente la conseguí, después de hablar mucho con la dueña de una farmacia de Beauvais. Condujimos hasta Soissons, donde vimos el Chemin des Dames. Este fue el escenario de uno de los combates más cruentos de la guerra. Obviamente, ahora parece un simple y pacífico terreno agrícola. Estuvimos hablando largo y tendido con dos campesinos franceses sobre esto, aunque ni ellos ni nosotros sacamos mucho en claro de la conversación. Nos detuvimos en una catedral bombardeada por los alemanes y vimos el agujero en el que se escondieron dos mil campesinos franceses. El guía nos contó orgulloso que su madre cocinó carne de ternera guisada para ellos. Después la conocimos a ella; parecía que no había comido nada aparte de ajo desde la guerra. El guía, como los otros franceses con los que hemos hablado, parecía muy seguro de que no habrá una guerra en mucho tiempo y de que, si la hubiera, Francia estaba preparada para ella, o al menos para derrotar a Alemania. Estoy impaciente por saber si Alemania está tan plagada de soldados como asemeja estar Francia. Hemos llegado a Rheims bastante tarde, así que reservamos una habitación en un pequeño hostal y seguimos luchando con el francés, aunque parece que estamos aprendiendo las palabras necesarias. Descubrimos que la actividad nocturna de Rheims está bastante muerta, así que nos fuimos pronto a dormir.

Rheims, Château-Thierry, París, 9 de julio de 1937

Me levanté considerablemente pronto y fuimos a la catedral; me pareció increíblemente bonita. Su fachada es impresionante. Sin embargo, la catedral fue bombardeada por Alemania y una gran parte de la fachada está mutilada. Hice algunas fotos particulares bajo la estatua de Juana de Arco, pero no han salido. Fuimos al Fort de la Pompernelle francés; el escenario de uno de los peores combates de la guerra. Ha sido muy interesante puesto que hay muy poco dañado. En un momento dado lo ocuparon los alemanes. Después de comer visitamos las bodegas de champán de Pomperney; están construidas a partir de las antiguas cuevas de caliza de los galos. Durante la guerra se escondieron aquí muchos franceses. Nos invitaron a una botella de champán y Jack tuvo una larga charla política, amable, con el gerente que hablaba inglés. Desde allí fuimos a Château-Thierry tras recoger a un par de oficiales franceses. Vimos el Monumento Estadounidense, que es el más bonito y, de hecho, el único edificio moderno de Francia. También fuimos al Cementerio Estadounidense pero casi nos come un perro guardián que había allí después de haber trepado por las puertas cerradas. Al final llegamos a París sobre las ocho. Uno de los oficiales creyó que le habíamos invitado a cenar, así que tuvimos un momento muy incómodo cuando llegó la cuenta. Después de muchas dificultades encontramos una habitación no demasiado buena y nos pusimos cómodos para pasar nuestra primera noche en París.

París, 10 de julio de 1937

Nos levantamos muy tarde y, puesto que nos habían echado de nuestro alojamiento, encontramos otro que parecía ser muy bueno y barato con el nombre parisino único de «Montana». Somos precavidos y dejamos el coche aparcado en los alrededores para ir a pedir alojamiento aparentando la mayor pobreza posible. Llevamos el coche a que lo arreglaran y, obviamente, nos timaron. Estos franceses intentan estafarte siempre que pueden. Estuvimos paseando un poco por París e intentamos entendernos. Vimos Notre Dame, que no es ni la mitad de impresionante que las iglesias de Beauvais y Rheims. Esa noche echamos un vistazo a la vida nocturna de París; esperábamos encontrarnos la ciudad repleta de norteamericanos, pero no coincidimos con ninguno. Estuvimos en el Moulin Rouge y el Café des Artistes, y pasamos un buen rato. Volvimos rápido al alojamiento cansados pero contentos.

París, 11 de julio de 1937

Fuimos a la iglesia de Saint Étienne y después de comer salimos hacia Fontainebleau. Es un lugar muy interesante, pero nos decepcionó un poco porque parece un poco artificial y ordinario. Estaba abarrotado y por lo tanto era inevitable acercarse mucho al pueblo francés. La falta de bañeras y el típico aliento a col hace que no sean muy atractivos en las distancias cortas. El lago cercano al *château* está lleno de peces muy feos y especialmente avariciosos. Todo el mundo estaba dándoles pan, así que conseguimos provocarles a algunos de ellos una indigestión al lanzarles una mezcla de chicle y papel de colores brillantes. Regresamos al hotel donde unos huevos mal cocidos fueron nuestra comida principal.

París, 12 de julio de 1937

Fuimos a American Express por la mañana con la esperanza de haber recibido correo, pero ninguno habíamos recibido nada. Lo que sí hicimos fue localizar a Iselin y Pourtales, dos de los amigos de Kennedy de Harvard, y también encontramos a Anne Reid. Pasamos la mayor parte de la mañana intentando averiguar dónde estaba el hotel de Caesar para descubrir que había dejado la habitación una hora antes de que llegásemos. Hacía un tiempo miserable, así que fuimos a ver una película por la tarde: *La buena tierra*. Parece que muchas de las películas en París están en inglés.

París, 13 de julio de 1937

Nos levantamos muy pronto para llegar a Notre Dame a tiempo para oír dar misa al cardenal Pacelli. Había una gran multitud típica francesa, y con típica me refiero a apestosa y avasalladora. No sé cómo, pero Kennedy logró meterse en la zona de asientos reservados y se sentó a unos centímetros de Mme Lebrun, pero a mí me descubrieron intentando hacer lo mismo y tuve que conformarme con estar de pie junto al resto de París durante un servicio que duró más de tres horas, y del que no alcancé a ver nada. Comimos con un tipo llamado Offie, el secretario del embajador Bullett, que parecía ser un pazguato enamorado de sí mismo. Después fuimos a Versalles, y nos quedamos gratamente impresionados. Esos antiguos franceses sí que sabían vivir con todos los lujos. Es imposible asimilar el tamaño de ese sitio. Tuvimos una buena sesión de estatuas, pinturas y demás de Luis XIV. A ese tipo le encantaba mirarse a sí mismo. Mires donde mires en Versalles, ahí está él. Seguimos una visita en inglés y el guía se dedicó a poner en evidencia en público durante un largo rato a Kennedy por atreverse a hacer una pregunta «sin ser parte de su grupo». Logramos encontrar los establos y los visitamos solos. Esa noche llevamos a Ann Reid a un musical de Maurice Chevalier. Es condenadamente bueno. Igual que en la pantalla.

París, 14 de julio de 1937

Dormimos hasta muy tarde y después de comer fuimos a la Exposición Universal, que fue bastante decepcionante. Hay demasiado que ver allí, así que al final no ves nada, y nos cansamos de caminar tanto. Los edificios rusos y alemanes, que irónicamente están enfrente, son muy impresionantes. La mitad de la exposición está sin acabar, así que no se sabe muy bien cuántos edificios son. Cenamos con Iselin, Pourtales y un par de chicas que habían conocido. Después condujimos por París para ver cómo celebraban los franceses su fiesta nacional. París es muy bonito de noche. Nos encontramos con J. Press de Harvard, un tipo llamado Jonas que es un habitual del Harry's bar. Luego fuimos a cierta cantidad de sitios, pero nos pareció que la vida nocturna parisina no era muy emocionante. La idea principal parece ser pedir una copa de champán en cada lugar.

París, 15 de julio de 1937

Fuimos a American Express por la mañana y vimos al viejo Choatie Bruce Lerner, que ahora está casado y tiene un gran bigote. Recibí un telegrama de Blambo que decía que vendría a Europa a finales de agosto; le respondí que no se lo recomendaba puesto que apenas podríamos verle. Me gustaría que hubiera venido con nosotros desde el principio. Comimos con Jack Miller y su hermano mayor, el amigo de Maine. Fue una comida muy cara, pues insistimos en hacernos cargo nosotros de la cuenta. Esa tarde recorrimos un poco más París y vimos una película por la noche.

París, 16 de julio de 1937

Tras mucho maldecir salimos de las camas del Montana y nos apresuramos a la tumba de Napoleón, que impresiona mucho. El ataúd es gigantesco y de un maravilloso mármol rojizo. Dimos una vuelta por el Palacio de los Inválidos y vimos algunos retratos más de Luis XIV, aunque allí el protagonista es Napoleón. Recorrimos rápidamente el Louvre, lo que es una lástima porque seguramente nos perdimos un montón de cosas. Lo que más nos interesaba era la *Victoria alada* y la *Mona Lisa*, así como el autorretrato del escultor Le Moyne. Por la tarde vimos un poco más de la Exposición y subimos a la torre Eiffel. Parecía que sería un ascenso bastante exigente, pero después de fijarnos mejor en su altura nos sentimos muy agradecidos hacia el hombre que construyó el ascensor. Luego fuimos a La Conciergerie donde estuvo encarcelada María Antonieta justo antes de ser ejecutada.

Es increíble lo pequeña que es su celda; un contraste importante con Versalles. Vimos otra película por la noche y volvimos a nuestro hogar parisino que es el Montana.

París, Chartres, Orléans, 17 de julio de 1937

Por fin tenemos todo listo para irnos de París, y dejar nuestro pequeño Montana. Nos llevamos una gran decepción cuando el dueño y su mujer, con quien nos habíamos entendido muy bien, intentaron aprovecharse de nosotros todo lo que pudieron. Al final logramos reducir la factura un poco y nos marchamos con muchas menos sonrisas y un «que tengan un buen viaje» de los habituales. Cambiamos nuestros billetes de vuelta para el S. S. Washington en lugar de los del President Harding que teníamos, porque todo el mundo dice que está en mal estado. Vimos a Frank Severance en American Express. Lamenté no haber sabido que estaba en París, pues habría sido de gran ayuda en el Louvre. Salimos de París sobre la una. Nos detuvimos en Versalles de camino a Chartres para ver el Petit Trianon de María Antonieta. Esta era su idea de «apretarse el cinturón». Es más o menos tan *petit* como la Casa Blanca. He hecho algunas fotos, pero no ha salido ninguna. Hemos llegado a Chartres justo a tiempo para ver la catedral. Lo más impresionante que tiene es el rosetón. Sus colores son increíbles. También ha sido interesante ver juntas las dos torres de escuelas completamente distintas; una románica y la otra gótica. Esa noche condujimos hasta Orléans y llegamos allí alrededor de las diez. Conseguimos una habitación barata, pero fue perturbador descubrir que las sábanas parecían ser las mismas que habían puesto cuando abrieron el hostal.

Orléans, Chambord, Amboise, 18 de julio de 1937

Fuimos a una misa en la catedral y luego paseamos un poco por la ciudad. Obviamente, toda la ciudad está muy orgullosa de Juana de Arco; hay estatuas suyas por todas partes. Siempre se piensa que Orléans es una ciudad relativamente grande, pero en realidad es pequeña. Te hace sentir que Francia sigue siendo un país bastante primitivo. París es su único lugar moderno. Condujimos al castillo de Chambord. Es impresionante; una estructura realmente enorme. Francisco (y es sorprendente que tuviera tiempo para vivir en todas sus residencias) lo usaba como residencia de caza. En él cabían dos mil personas. El techo parece como el de una ciudad; y tiene calles, casas y demás, e incluso una capilla.

La zona del tejado era importante porque, al parecer, las mujeres pasaban la mayor parte del tiempo allí mientras los hombres cazaban. La escalera principal es única pues dos personas pueden subirla al mismo tiempo sin llegar a verse. Son dos escaleras en una. Comimos en un restaurante cerca del *château* y me dejé allí la cartera. Después de darme un susto, la recuperé gracias a un hombre que la había encontrado y llevado al *château*. Una joven francesa atractiva me ayudó con el francés mientras la buscaba. Las personas como ella hacen que piense que los franceses no son tan malos después de todo. Hemos recogido a un par de colegas muy, muy ingleses. Uno de ellos estudió en el Trinity College de Cambridge; se llama Ward. Se despidió diciendo que esperaba que «oliéramos su rastro» en Inglaterra; y en ese momento no habría sido complicado. Nos dimos un baño en el Loira; tiene una corriente muy fuerte y es bastante complicado nadar contra ella. Creo que el resfriado del que hablaré más tarde se debe a este baño. Nos paramos en el *château* de Blois, que pertenecía a la princesa de Orléans. Un lugar bastante bonito. Pasamos la noche en Amboise para visitar el *château* por la mañana. Estuvimos pensando si trepar el muro, pero nos acordamos del perro guardián del Cementerio Estadounidense. Esa noche fuimos a la feria. El puente y el camino con árboles de Blois son particularmente impresionantes.

Amboise, Chenonceau, Angulema, 19 de julio de 1937

Nos levantamos a eso de las diez después de que nos sirvieran el desayuno en la cama y fuimos a echar un vistazo al *château*. Sí que se trata de una fortaleza inexpugnable. Los muros son increíblemente altos e incluso ahora, con las armas modernas, a un ejército le costaría hacerse con él. Por dentro es muy bonito, sobre todo la pequeña capilla, a la que categorizan como una «joya» de la arquitectura gótica. Se dice que Leonardo da Vinci está enterrado aquí. También vimos el muro de los traidores, donde colgaron a mil quinientos hombres a la vez; y también la puerta donde Carlos VIII se golpeó la cabeza y murió. Estuvimos explorando un poco por nuestra cuenta y trepamos por la fortaleza, pero nos expulsó de allí una francesa muy enfadada. Seguimos hasta Chenonceau, que es un *château* muy bonito. Está construido sobre el río Loira y el agua fluye bajo él. Ahora es de propiedad privada y es tan bonito que cuesta comprender que el dueño actual no se aloje nunca en él. Esta era la residencia favorita de Catalina de Médici. Durante la guerra los soldados franceses lo usaron como hospital. Después atravesamos Tours y Poitiers hasta llegar a Angulema bastante de noche. Conseguimos una habitación por diez francos cada uno, lo más barato que hemos encontrado hasta la fecha.

Angulema, San Juan de Luz, 20 de julio de 1937

Nos pusimos en marcha alrededor de las once y tomamos un almuerzo no muy bueno y bastante caro a las dos. Tuvimos nuestros problemas habituales para canjear nuestros cheques de viaje. Francia no está tan centrada en el turismo como creíamos. Todos estos franceses se comportan como si no hubieran visto a un estadounidense antes. Atravesamos Biarritz y nos quedamos muy decepcionados por lo que vimos de ella. Parece yerma y desierta. Llegamos a San Juan de Luz y después de una hora encontramos por fin la villa de Pourtales. Descubrimos que tan solo había una cama buena para Kennedy y para mí, y nos la echamos a suertes. Como suele pasar, perdí yo. Es increíble que Kennedy siempre gane cuando nos echamos algo a suertes con una moneda. Conocimos a la familia de Pourtales, que la conforman su madre, su abuela y su hermana Dian. La madre y la hermana son muy agradables, pero la abuela es aburridísima. Fuimos a ver una película en francés y nos pareció muy divertido oír a Pat O'Brien balbuceando en francés. Dian y Alex me la tradujeron y los dos tenían versiones distintas del argumento, así que fue un poco complicado. Volvimos conduciendo con la capota bajada y yo sin mi abrigo; esto sumado a mi baño en el Loira creo que son la causa del resfriado que está empeorando rápidamente. Después fuimos al club Cesari y pedí un vaso de agua, para disgusto de todos los camareros.

San Juan de Luz, 21 de julio de 1937

Condujimos hasta la frontera española por la mañana con Iselin. Está a tan solo unos kilómetros de San Juan de Luz. Obviamente, no pudimos cruzarla, pero seguimos el río, que es el límite durante varios kilómetros. Está vigilada en ambos lados, con soldados cada pocos metros. Vimos las ruinas del pueblo de Irún, donde tuvieron lugar unos combates terribles el año pasado. Fuimos a la playa por la tarde, pero mi resfriado empeoró más, así que cené en la cama y me quedé en la habitación esa noche.

San Juan de Luz, 22 de julio de 1937

Me he quedado en la cama todo el día porque mi resfriado es bastante grave.

San Juan de Luz, 23 de julio de 1937

Me levanté tarde y fui a comprar unos zapatos vascos. Después de muchas dificultades conseguí que me hicieran unos a medida, porque no tenían de mi talla. Estos franceses son un pueblo muy *petit*. Me acosté por la tarde y me quedé en la habitación esa noche.

San Juan de Luz, 24 de julio de 1937

Fuimos a Biarritz para conseguir unas entradas para la corrida de toros. Me he comprado un traje muy extraño para no pasar frío mientras conducimos y los franceses me miran con curiosidad desde todos los lados todo el tiempo. Es muy interesante ver y conocer a los numerosos refugiados españoles que hay aquí. San Juan de Luz es un bastión de Franco y estamos aprendiendo sobre el punto de vista del bando franquista. Nos cuentan historias como la siguiente. A un padre que estaba encarcelado le dieron de comer un trozo de carne y, después de que se lo hubiera comido, le llevaron el cuerpo de su hijo, al que le faltaba un pedazo de carne. Esto hace que te sientas un poco contrario al gobierno. Pero, por supuesto, no hemos oído la versión del gobierno. Me acosté por la tarde y me quedé en la cama esa noche. Siento que no estoy siendo un huésped muy alegre para Pourtales.

San Juan de Luz, 25 de julio de 1937

Por la mañana fui a misa con Jack en la iglesia donde Luis XIV se casó con María Teresa de España. Su arquitectura es la típica vasca y es muy bonita en su sencillez. Me fui a la cama por la tarde y me quedé allí toda la noche. Parece que el resfriado mejora un poco. No habíamos pensado quedarnos aquí tanto tiempo pero, por mi resfriado y también porque queremos ver la corrida de toros el día 26, hemos decidido quedarnos hasta el 27.

San Juan de Luz, corrida de toros, 26 de julio de 1937

Me quedé en la cama toda la mañana y me levanté para comer. Por la tarde fuimos a la corrida de toros en las afueras de Biarritz. Muy interesante, pero extremadamente cruel. No me molestó demasiado que torturasen al toro, pero me pareció muy desagradable que destriparan a los caballos. Sacaban a los pobres rocines con toreadores en el lomo que llevaban lanzas para protegerlos del toro pero, normalmente, fracasaban estrepitosamente. No cuesta creer las historias sobre las atrocidades cometidas en España después de ver una corrida de toros. Estos franceses sureños y españoles son personas muy crueles. Se alegraban mucho cuando un pobre rocín era destripado de forma fatal y tenían que llevárselo con las tripas colgando tras él. Después compramos algunas lanzas por 20 céntimos cada una.

Lourdes, Toulouse, 27 de julio de 1937

Nos despedimos de Pourtales después de mucha emoción y de tomar muchas fotografías, y nos dirigimos a Lourdes. Este es el pueblo donde se encuentra la famosa cueva. Se dice que en esa gruta la Virgen María se le apareció a santa Bernadette dieciocho veces y le ordenó que construyera una iglesia allí. Se cree que el agua de la cueva tiene propiedades curativas y se ha demostrado que muchos casos se han curado al venir aquí. Vimos a algunas de las miles de personas enfermas que acuden allí todo el tiempo con la esperanza de curarse. Sin embargo, la gruta tuvo un efecto diferente en mi cuerpo: en cuanto nos marchamos de Lourdes empecé a sentirme fatal y para cuando llegamos a Toulouse no podría encontrarme peor; descubrimos que tenía una temperatura de 39,5 °C, así que me preparé para pasar una noche desdichada y desagradable.

Toulose, 28 de julio de 1937

Me quedé todo el día en la cama tragando las numerosas medicinas que me trajo Kennedy y me desapareció la fiebre, por lo que, si todo va bien, creo que continuaremos nuestro viaje mañana.

Toulouse, Carcassonne, Cannes, 29 de julio de 1937

Salimos por la mañana temprano de Toulouse bastante animados. Nos detuvimos en la antigua ciudad medieval de Carcassonne, que se mantiene en perfecto estado. Resultó muy interesante porque las personas siguen viviendo dentro de las murallas, en callejuelas abarrotadas, e incluso ellos y sus casas parecen medievales. Recorrimos toda la muralla y yo seguía sintiéndome bien, así que supongo que me estoy recuperando. Condujimos el resto del día y llegamos a Cannes alrededor de las nueve para alojarnos en el hotel más caro hasta ahora: 35 francos. El servicio es un 15 %, lo que nos parece un completo robo. Cannes tiene mucha más vida que Biarritz y la playa es maravillosa, aunque parece que le falta algo. Quizá sea porque no conocemos a nadie y es un destino invernal, así que no está tan animado en verano. Sin embargo, aquí hemos encontrado una Francia muy diferente a la Francia azotada por la pobreza que hemos estado recorriendo. Me acosté bastante pronto matando mosquitos.

Cannes, 30 de julio de 1937

Fuimos a nadar por la mañana y me quemé por primera vez. Lo hice muy bien, y estoy tan rojo como un cangrejo, o más. Dormimos un poco por la tarde como preparación para lo que creíamos que sería una gran noche en la animada vida nocturna de Cannes. Esa noche fuimos al Palm Beach Casino, que no está tan vivo como solía estar. Intentamos hablar un poco con algunas bailarinas norteamericanas atractivas, por cuestiones de nacionalidad, pero no logramos nada. Después estuvimos recorriendo un poco Cannes y Kennedy acabó en una cita con Simone Corsica.

Cannes, Montecarlo, 31 de julio de 1937

Me levanté muy tarde, pero me sentía desdichado. Kennedy se hizo el muerto en la playa, como se ve en la fotografía. No obstante, salimos hacia Montecarlo pasando por Niza después de comer. Desde allí fuimos por Grand Cassien y subimos atravesando las montañas. Un trayecto muy bonito, pero con muchas, muchas curvas. Conseguimos una habitación bonita en Montecarlo, muy agradable por 15 francos los dos. También encontramos comida muy barata, lo que resulta muy sorprendente. Esa noche fuimos al Casino. A Jack no le permitieron entrar, pues había que enseñar el pasaporte y no tiene veintiún años. Yo estuve jugando, aposté 40 francos, gané y al

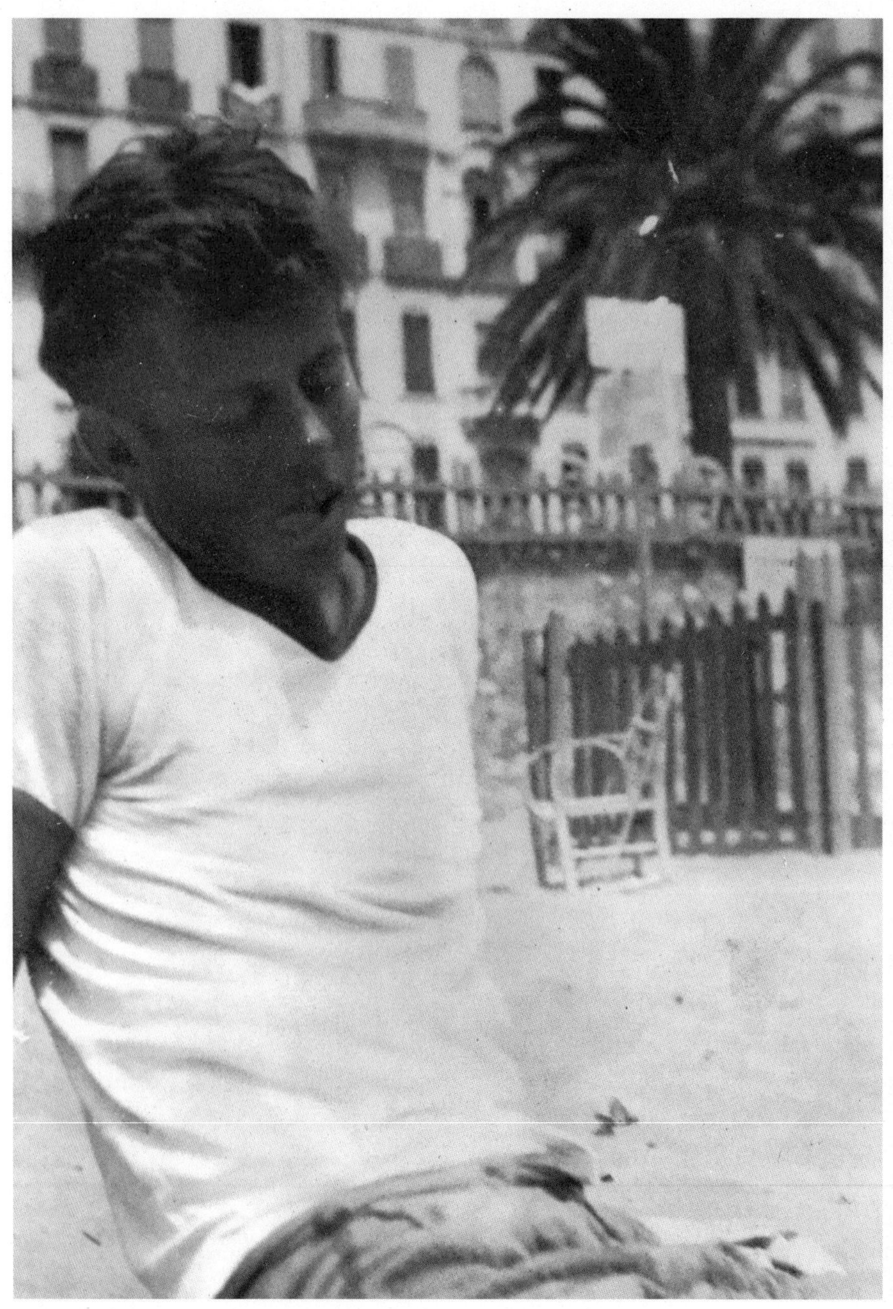

KENNEDY EN CANNES.

final acabé como había empezado. Después fuimos al Sporting Club y Jack sí pudo pasar. Allí apostamos 10 francos y les dimos un buen susto. Esto es muy bonito, sobre todo el club nocturno, que está justo en el agua.

Montecarlo, Savona, 1 de agosto de 1937

Fuimos a una iglesia pequeña pero muy bonita y nos sentamos allí durante un servicio muy largo. Después fuimos a la playa del Grand Hotel y logramos cruzar las puertas a nuestra manera habitual. Vimos a Jane Kauffmann de Palm Beach, tan guapa como siempre, y echamos un vistazo a algunas chicas extranjeras realmente atractivas, pero no fuimos a conocerlas, aunque a Jack le gustaba mucho una de ellas. Por la tarde cruzamos la frontera italiana, lo que nos llevó dos horas. Nunca he pasado por tanta burocracia como a la que nos sometieron allí, incluyendo los recibos de los hoteles y de gasolina. En ese momento no sabíamos si nos estaban estafando o no; solo sabíamos que habíamos entregado más de cuarenta dólares a cambio de muchos recibos. En Italia todo parece ser más alegre que en Francia. Parece un pueblo muy feliz. Descubrimos que no podríamos llegar a Milán, como habíamos planeado, así que nos detuvimos en Savona y averiguamos que con los recibos conseguíamos habitaciones muy buenas. Sin embargo, es fácil ver que sufriremos con el italiano, ¡pues tendremos mucha suerte si encontramos a un italiano que hable francés!

Savona, Génova, Milán, 2 de agosto de 1937

Después de discutir con «nuestro anfitrión» por fin nos fuimos de Savona y emprendimos el viaje hacia Milán pasando por Génova. De esta última vimos más bien poco, pero nos impresionó su tamaño. Es increíblemente pequeña, aunque cualquiera había pensado que sería grande al tratarse de una de las ciudades más antiguas del mundo.

En Milán encontramos un hotel bastante bueno y descubrimos que el propietario era un fascista extremista que había estado en Abisinia, de la que dijo que había sido fácil de conquistar pero difícil de sacar provecho, pues aún era un lugar muy bárbaro, y no se podría hacer nada con ella hasta que tuviera ferrocarril. Hay imágenes de Mussolini por todas partes, incluso pintadas en las paredes de las casas. A lo largo de las carreteras ha pintado sus órdenes, que parecen consistir básicamente en «obedecer». Hemos ido a ver a Robert Taylor y Greta Garbo en Margarita Gautier y observamos a nuestro «atractivo Robert» con un gran interés por ver cómo hablaba italiano a gran velocidad. No nos enteramos mucho de la película. Descubrimos que habíamos dejado el coche en el aparcamiento de la iglesia, que estaba cerrado, así que tuvimos que dejarlo allí toda la noche tras intentar despertar al sacerdote, pero sin lograrlo.

Milán, Piacenza, 3 de agosto de 1937

Dormí hasta tarde, y después fuimos a rescatar el coche de las manos de la iglesia católica. Por la tarde hicimos una visita con American Express por la ciudad. Me ha impresionado especialmente la preciosa catedral, una de las mayores del mundo. En el ábside están las mayores vidrieras coloreadas del mundo. Durante la guerra las enviaron a Roma para ponerlas a resguardo. Bajo el altar hay un cardenal enterrado en una tumba de cristal. El ataúd está en una sala revestida por completo de plata. El esqueleto del cardenal está vestido con una túnica, que se cambia cada año, y lleva todas las joyas eclesiásticas. Cada cien años el ataúd se saca por las calles. La última vez, uno de los laterales de cristal se rompió, entró el aire en el interior y el esqueleto pasó de ser blanco a negro. Vimos la famosa *Última cena* de Leonardo da Vinci, que está en muy mal estado, tan mal que cuesta apreciar que es una gran obra de arte. Le hice una fotografía a Jack en el cementerio de Milán, donde están prohibidas, pero tenía el obturador mal. Jack también tenía el obturador mal cuando hizo las de la catedral de Milán, pero han salido buenas fotos. Salimos de Milán tarde, no antes de ver a Kennedy a punto de comprar un reloj de cien dólares, y yo también, y comprar en realidad uno de diez, lo que lamento ahora. Llegamos tarde a Piacenza y nos acostamos tras haber escrito algunas cartas.

Piacenza, Pisa, 4 de agosto de 1937

Tuvimos muchas dificultades para salir por la mañana pues la señora nos acusó de haber roto su toalla de 25 céntimos y nosotros nos negamos a pagarla. Una multitud de al menos cincuenta italianos curiosos y feos se reunió fuera del hotel. Al final pagamos, con muchas maldiciones desde ambos bandos. Recogimos a un chico alemán llamado Martin de camino a Pisa. Fue muy interesante porque estaba muy en contra de Hitler, aunque no podía contarnos mucho más sobre el motivo. También nos dijo que los alemanes odian mucho a los rusos. Parece que la próxima guerra vendrá desde esa dirección, sobre todo porque Inglaterra y el resto de Europa parecen estar alejándose de Rusia. Hicimos parada en Pisa, subimos a la torre y recorrimos la iglesia y el baptisterio. La torre es muy extraña, pues incluso mientras la subes notas que está inclinada. El baptisterio es curioso, cuando silbas dentro de él se asemeja a un órgano. Recogimos a otro muchacho alemán, que no hablaba inglés, llamado Krause. Nos detuvimos en un hotel pequeño a 150 kilómetros de Roma. Martin y Krause esa noche durmieron en el coche.

Roma, 5 de agosto de 1937

Nos levantamos tarde y nos encontramos a Martin y Krause deseosos por salir tras pasar la noche en el coche. Estos alemanes sí que viven con poco dinero; es fruto de la más pura necesidad, pues de Alemania solo pueden salir con diez marcos, pero estos chicos incluso se exceden. Se alimentan solo de tomates y pan y parece que duermen cada noche en la calle. Nos dimos un baño en el Mediterráneo y tomamos el sol, a unos cincuenta kilómetros de Roma. Tontamente, aparcamos el coche en la arena, bastante lejos de la carretera. Y, para nuestra desgracia, descubrimos que estábamos atascados miserablemente. Después de una hora al fin conseguimos salir de allí, tras haber sacado la mayor parte del aire de las ruedas traseras. Pasamos otra infeliz hora intentando encontrar una bomba para volver a inflarlas. Como consecuencia de todo esto, no llegamos a Roma hasta pasadas las cinco y media. Fuimos directamente a American Express y nos enteramos de que la familia de Kennedy estaba de camino a Europa. Yo había recibido un par de cartas de mi madre y una de Louise Berry. Dejamos a nuestros colegas Martin y Krause, y encontramos un hotel. Dimos un paseo por la ciudad esa noche y «trepamos» sigilosamente al Coliseo. Descubrimos que se usa como parque público y estaba lleno de gente. No obstante, es muy bonito de noche y parecía un paraíso para los amantes.

Roma, 6 de agosto de 1937

Nos levantamos bastante tarde y pasamos toda la mañana buscando a los amigos de los padres de Kennedy, el señor Galeazzi, Cortesi (corresponsal de *The New York Times*) y el señor Phillips (el embajador italiano). Todos habían salido, pero sí estuvimos con el señor Reed (consejero de Embajada), que parecía un hombre muy agradable. Por la tarde fuimos a Sant'Angelo y la tumba de Adriano. Me pareció un sitio muy interesante. Un ejército moderno tendría problemas para tomarlo incluso ahora, pues es una fortificación muy ingeniosa. También fuimos al Panteón, del que la asignatura Arte 202 me enseñó tanto este año, y fue muy interesante verlo después de haberlo estudiado con tanto detenimiento. Tiene unas puertas enormes, de las que el guía dijo con orgullo que ni tres hombres podrían moverlas, pero entonces Kennedy les dio un pequeño empujón y se cerraron. Supusimos que se refería a tres hombres italianos. Dimos otra vuelta por el Coliseo y nos pareció aún más impresionante a la luz del día. También fuimos al Foro y contratamos a un guía para que nos llevase por él, aunque resultó ser más un estorbo que una ayuda. Obviamente, el Foro está tan en ruinas que para un ojo no experto es difícil apreciarlo, pero ver los diferentes niveles de la civilización es algo maravilloso. Allí siguen excavando y haciendo descubrimientos todo el tiempo. Estos italianos son, de verdad, el pueblo más escandaloso que existe, o eso espero al menos. Se meten en todo. Se apelotonan incluso si escuchan a alguien simplemente tocando el claxon, lo que por cierto es de muy mala educación en Roma y los policías se te echan al cuello cuando lo haces. Los policías romanos también son los más estrictos que nos hemos encontrado.

Roma, 7 de agosto de 1937

Fuimos al despacho de Galeazzi sobre las ocho y media y nos reunimos con él. Es un hombre muy atractivo. Supimos que tendríamos una audiencia con el Papa ese día. Fuimos al piso del señor Galeazzi y conocimos al obispo Spellman (católico) de Boston. Tres sobrinas, todas jóvenes. Salimos en el coche del señor Galeazzi hacia la residencia de verano del Papa. El señor Galeazzi no vino con nosotros, pero envió a su consejero, el señor Conti. El palacio está a unas diez millas de Roma y al llegar allí descubrimos que había unas dos mil personas esperando fuera. Sin embargo, a nosotros nos llevaron al patio interior y nos guiaron hasta una sala pequeña pero muy bonita. Allí conocimos al obispo de Luisiana y, como parecía lo adecuado, tuve que arrodillarme y besarle el anillo. Parecía un tipo muy altivo y no nos gustó a ninguno de nosotros. Un poco después llegó el cardenal Pacelli y nos presentaron personalmente a todos. De nuevo tuve que besar el anillo. Me sorprendió lo mal que habla inglés. Luego nos llevaron a una habitación enorme con un trono en ella. Nos otorgaron unos lugares maravillosos, justo a los pies del trono. Había otras tres mil personas en la habitación. Hacía un calor espantoso, jamás he pasado tanto bochorno. Tras una hora de espera, el Papa llegó a hombros en una litera, con gran ceremonia, y dio apenas dos pasos para subir al trono. Es un hombre de aspecto muy enfermo y parecía que le costaba mucho hablar. Sin embargo, no parece tener ochenta años. Habló media hora en italiano y luego se lo llevaron entre gritos de «Vive le Pope». Después de eso el señor Conti nos llevó a comer, en lo que nos demoramos tres horas, y después a la Villa d'Este, en Tívoli. Las fuentes de los jardines son increíblemente hermosas. Hice muchas fotografías espontáneas de las estatuas que había, pero parece que no ha salido ninguna. Esa noche fuimos a cenar a casa del señor Galeazzi. Su mujer no habla inglés y muy poco francés, así que no había mucha animación en el lado de la mesa en el que yo me senté. Nos marchamos bastante pronto.

Roma, Pompeya, Vesubio, 8 de agosto de 1937

Nos levantamos pronto y fuimos a misa en San Pedro. Nunca he visto un edificio más bonito; el interior es, sin duda, el más hermoso que he visto hasta ahora. Todo esto es increíblemente grande. Estuvimos allí bastante tiempo, pues no encontrábamos la misa correcta. Al final salimos hacia Nápoles. Llegamos allí sobre las dos y tuvimos que pagar 26 liras para acceder a la carretera hacia Pompeya. Nos detuvimos a comer y, por lo tanto, no pudimos entrar en Pompeya de manera legal, pues cierra a las tres. No obstante, subimos por el muro e hicimos una visita privada al recinto nosotros solos. Después averiguamos que nos habíamos perdido las zonas más interesantes, pero sí logramos una cosa: perdimos el recibo de las 26 liras que habíamos pagado y estuvimos discutiendo con casi toda la nación italiana para llegar al Vesubio sin pagar ni una lira más. En el trayecto hacia el Vesubio recogimos a dos alemanes, que resultaron ser soldados. Eran unos muchachos estupendos, a pesar de la problemática de que no hablasen nada que no fuera alemán. Tras muchas quejas y trompicones del coche logramos al fin llegar arriba. Es un recorrido muy largo porque en la carretera sopla mucho el viento. Vimos a un tipo de Princeton que hacía el camino de vuelta, pero he olvidado su nombre. Para cuando llegamos, ya era de noche. Estuvimos a unos centímetros de la lava ardiente que rezuma de las numerosas grietas. Nos acercamos a unos diez metros de la erupción principal. Allí arriba el aire está lleno de azufre y cuesta mucho respirar, pero dicen que es bueno para los pulmones. Esta erupción salta cada pocos minutos. Me pareció muy interesante. Estábamos nerviosos mientras volvíamos a recorrer la carretera de Pompeya sin recibo, pero nos salimos con la nuestra. Los alemanes se alojaron en un hotel en Nápoles y, tras muchas dificultades, nosotros encontramos un hotel barato.

Nápoles, Capri, 9 de agosto de 1937

Salimos hacia Capri a las nueve de la mañana después de buscar mucho para conseguir dinero con el que pagar el precio del barco. Al final se lo pedimos prestado a los alemanes, que también querían ir en el barco. Fue un viaje muy largo y tuvimos que pedirles a los alemanes más dinero para la comida, etc. Al final llegamos a la Gruta Azul y seguimos creándonos enemigos entre la tripulación ya hostil porque nos pusimos los bañadores. La gruta es preciosa; de hecho, creo que no he visto nunca un azul tan bonito. Sin embargo, no era tan bonito como para pasar allí un día entero y nos quedaban muchas cosas por ver. El barco grande echa el ancla fuera y los locales te llevan remando en barcos más pequeños. Amarran los botes a una cadena en la entrada de la gruta. Después desembarcamos en la localidad principal de Capri y nos compramos unas cajas de madera; muy bonitas y por solo 50 céntimos cada una. Al final regresamos a Nápoles alrededor de las seis y nos encaminamos hacia Roma, con los dos alemanes apretados en la parte trasera. Nos están empezando a caer mejor, pues hemos perfeccionado una especie de lengua de signos. Estuvimos parados en el cruce de un tren durante bastante tiempo, aunque no parecía llegar ninguno. Kennedy llegó a los puños con un pequeño empleado espagueti, que no le dio por los pelos con un bate más grande que él. Al final llegamos a Roma alrededor de las dos y llevamos a los alemanes a su hotel. Luego nos acostamos.

Roma, 10 de agosto de 1937

Nos levantamos justo a tiempo para comer. En la comida conocimos a unas italianas guapísimas y quedamos con ellas para esa noche. El único problema es que solo hablan italiano. Después de comer, Jack fue a ver al señor Cortesi (de *The New York Times*) y tuvo una larga conversación sobre política con él.

Esa noche salimos con las chicas. Cenamos en el restaurante enfrente de nuestro hotel y, por supuesto, el dueño me estafó miserablemente. Esa noche fuimos al único club nocturno de Roma: Villa della Rosa, un sitio muy agradable con buenos espectáculos. Kennedy hizo un par de sus trucos, que no deberían ser olvidados, y nos fuimos a la cama cansados pero contentos.

Roma, 11 de agosto de 1937

Nos levantamos bastante pronto y nos reunimos con el señor Conti. Nos llevó por los museos del Vaticano. Estos están tan repletos de tesoros artísticos que es imposible verlos todos. Jamás habríamos visto los importantes de no ser por la ayuda del señor Conti. Vimos a las chicas italianas para comer, pero nos cansamos un poco de hablar «italiano» con ellas. Por la tarde volvimos a quedar con el señor Conti y visitamos muchas de las iglesias. Subimos de rodillas las escaleras de San Juan de Letrán. Se dice que la escalera es la misma por la que descendió Cristo tras haber sido condenado por Poncio Pilato. Por eso los buenos católicos deben hacer penitencia subiéndolas de rodillas y recitando una oración en cada escalón. El pobre señor Conti dice que lo hace casi todos los días cuando trae de visita a los amigos del señor Galeazzi. También fuimos a las catacumbas por la vía Appia. Es increíble, hay miles de catacumbas; seguro que es muy fácil perderse en ellas. Hemos oído más milagros, que son cada vez más difíciles de creer. Como el de santa Cecilia. Después fuimos a la basílica de San Pablo y allí vimos al señor Dickey y a su esposa. Esta basílica es una de las más bonitas. En su interior tiene unos medallones con cada papa que ha habido desde san Pedro. Aquí nos hablaron de la cabeza de san Pablo, de que cuando se la cortaron cayó por las escaleras y en cada sitio donde golpeó apareció una fuente. Esto también es difícil de creer. Volvimos al hotel, recogimos y nos acostamos pronto.

Roma, Florencia, 12 de agosto de 1937

Nos encontramos con los alemanes delante de nuestro hotel y después de una larga discusión con el propietario del hotel (que nos había engañado siempre que había querido, especialmente con las fotografías) durante la que él dijo de sí mismo que era «un italiano y un caballero, algo que los norteamericanos no eran», al final conseguimos que nos devolviera 60 liras y salimos hacia Florencia. Llegamos bastante tarde a Florencia y nos quedamos en el mejor hotel que hemos encontrado hasta la fecha. No intentaron engañarnos y todo estaba muy bien y era barato.

Florencia, Venecia, 13 de agosto de 1937

Por la mañana estuvimos visitando Florencia, que por algún motivo nos ha decepcionado. Recorrimos la Galería Uffizi, donde hay muchas obras de arte. También vimos el Palazzo Vecchio, que fue una de las preguntas del examen final de Arte. Sin embargo, lo que nos impresionó mucho fue la famosa estatua de *David* de Miguel Ángel. Es la estatua más bonita que he visto jamás o que veré. En la fotografía de la siguiente página no se aprecia su gran tamaño, pero tiene tres veces la

EL RAPTO DE POLÍXENA, FLORENCIA.

altura de un hombre corriente. También visitamos la catedral, que es preciosa por fuera, pero anodina por dentro. Salimos por la tarde hacia Venecia. No tenía ni idea de que la ciudad está toda repleta de canales. Yo creía que quizá habría dos. Pero no es así. Hay que dejar el coche en un garaje en el extremo del puente que te lleva a la ciudad y desde allí tienes que ir en barco. Encontramos un pequeño hotel cerca de San Marco por 25 liras, aunque los alemanes pagaron ocho por el suyo. Era ya muy tarde, así que solamente estuvimos por la plaza y después nos fuimos a la cama. Pasamos una noche terrible, pues nos invadían los mosquitos.

Venecia, 14 de agosto de 1937

Fuimos en barco sobre el Lido hasta el Hotel Excelsior por la mañana. Allí nos encontramos con Barbara Hutton y Al Lerner, pero no juntos. Después vimos a Joe y a Elie Houguet y a otras personas más. Comimos con Elie y también cenamos esa noche con ella y con Joe. Después caminamos un poco por Venecia. Me impresionó mucho San Marcos y la plaza es muy bonita por la noche. Nos estamos cansando un poco de los espaguetis porque los comemos constantemente, puesto que son muy baratos y te llenan mucho. Descubrimos que los Houguet viajan con aún menos presupuesto que nosotros. Elie incluso se alojó en albergues juveniles cuando estuvo en Alemania. Hemos cambiado de habitación y ahora pagamos 30 liras por la mosquitera que nos «dieron» amablemente.

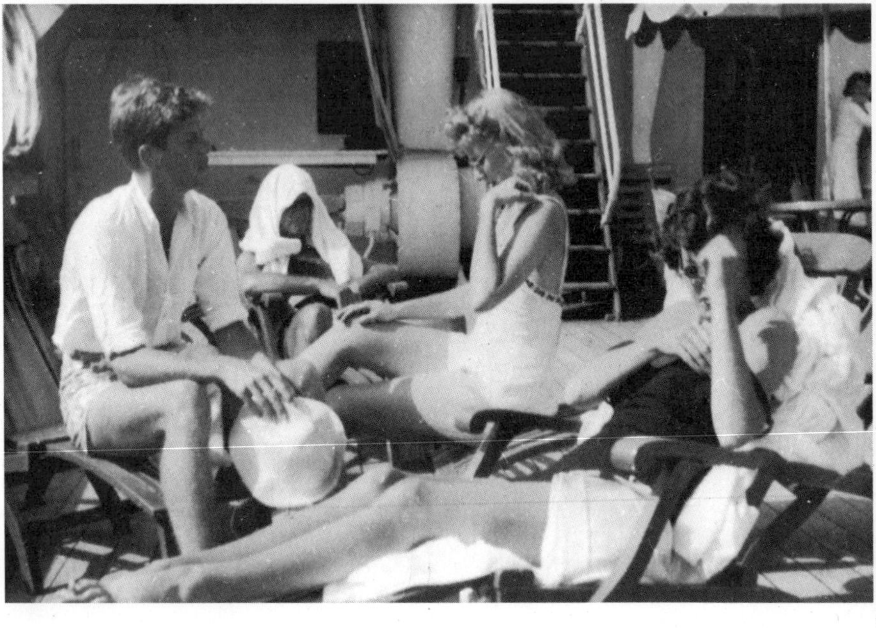

KENNEDY EN EL LIDO.

Venecia, 15 de agosto de 1937

Fuimos a misa en San Marcos tras muchas dificultades para encontrarla. Luego fuimos al Lido, donde la cabaña de Al Lerner nos hizo buen servicio. Estuvimos sentados en el muelle con MacAdoo, los Houguet, Dumpling y demás, y me quemé por el sol. Luego fuimos al American Bar, donde un queso de «ensueño» nos puso enfermos. También hicimos por fin las fotos con las palomas, aunque nos costó que se acercaran a Kennedy y a la comida que les ofrecía. Cenamos con los Houguet y demás, y después fuimos a un concierto en la plaza. La plaza estaba abarrotada; nunca había visto a tanta gente junta allí. Luego nos subimos a unas góndolas y recorrimos la ciudad, subimos y bajamos por las calles, etc. El único problema es que las aguas residuales desembocan en los canales y, como estos están estancados, el olor es terrible. Después de este recorrido volvimos a nuestro pequeño «Zacheri».

Venecia, Innsbruck, 16 de agosto de 1937

Como llovía bastante, decidimos marcharnos de la «soleada» Italia y nos dirigimos a Múnich. Recogimos a una divertidísima noruega para que fuera con nosotros además de Heinz. George se había quedado por el camino. La lluvia era tan intensa que se conducía fatal. De lo contrario habría sido un trayecto muy bonito. Para cuando llegamos al paso de Brenner hacía bastante frío. Sin embargo, no lamentábamos haber dejado Italia, pues la gente allí es horrible. Enseguida nos sorprendió lo diferentes que son los austriacos; se trata de un pueblo muy agradable y se desviven por ser amables contigo. Llegamos a Innsbruck bastante tarde y decidimos alojarnos en el mismo sitio que nuestros pasajeros, que resultó ser un albergue juvenil. Fue una experiencia interesante, pero también una que no quiero repetir a menudo. Las camas están a unos centímetros unas de otras y cuando te despiertas descubres que tu cara está a tan solo un palmo de un alemán enorme. Además, había unas cuarenta personas y solo una ventana, que les gusta tener cerrada, así que nos pasamos todo el tiempo abriéndola cuando ellos la cerraban.

Innsbruck, Múnich, 17 de agosto de 1937

Nos levantamos bastante pronto, pero no por elección propia ya que nuestros amigos tenían que subirse a las bicicletas alrededor de las cinco. Empezamos a cruzar los Alpes hacia Alemania después de pedirle todo el dinero que pudimos a Johanna; también obtuvimos un poco del bueno de Heinz. Los dos se molestaron mucho. Nos detuvimos en Garmish, donde habían tenido lugar los Juegos Olímpicos y cerca de allí pasamos por una cascada muy bonita pero muy húmeda. Desde allí fuimos a Oberammergau, donde se representa La Pasión. Luego vimos y compramos unas postales de Cristo, Anton Lang. Llegamos a Múnich alrededor de las ocho y conseguimos lo que parecía ser una buena habitación. Fuimos a cenar con Heinz y al final lo llevamos a su tren. También llevamos a Johanna a un albergue juvenil. Después fuimos a la gran Hofbräuhaus de Múnich, donde estuvimos hasta bien tarde y conocimos a lo que parecía ser una gran parte de la nación alemana. Intentamos llevarnos unas jarras; Kennedy lo logró, pero yo no porque me registraron. Parece que Hitler es muy popular por aquí. No puedes evitar apreciar a un dictador cuando estás en su propio país, pues no oyes de él más que cosas maravillosas y ninguna mala. La mayor arma de Hitler parece ser una propaganda muy eficaz.

Múnich, 18 de agosto de 1937

Nos levantamos tarde y tuvimos una conversación con nuestro anfitrión, que es un gran partidario de Hitler. El resto de la mañana estuvimos paseando por Múnich. Por la tarde fuimos al Deutsches Museum, que es increíblemente interesante, pues tiene de todo y es lo más educativo que hemos visto. Disfrutamos cada una de sus partes y nos quedamos muy decepcionados al descubrir que no podíamos acabar de verlo. Los alemanes han hecho un trabajo excelente aquí y todo demuestra un gran detallismo. Esa noche fuimos a ver *Comenzó en el trópico* en inglés. Es la primera película desde que estuvimos en París. Cuando volvimos al coche encontramos una nota de Iselin y Pourtales. Nos encontramos con ellos en Hofbräuhaus. Con ellos estaba una chica de Boston llamada Ann Hollister. Fuimos a un club nocturno en Múnich que era, como mínimo, un poco particular.

Múnich, Núremberg, 19 de agosto de 1937

Tras las maldiciones habituales y que nos dijeran que no éramos unos caballeros y que los alemanes jamás se comportarían de esa manera, nos fuimos de la pensión Bristol, que excepto por la cuestión monetaria ha resultado ser un lugar muy agradable. Vimos a Pourtales y a Iselin en el American Express, y también a Harlon Swift. Luego salimos hacia Núremberg. Llegamos allí muy entrada la noche después de un viaje interesante y tras muchos problemas encontramos un hotel, con un propietario de apariencia tosca, así que creímos que seguramente lo conoceríamos mejor a la mañana siguiente.

Núremberg, Wurtemberg, 20 de agosto de 1937

Como suponíamos, tuvimos problemas con el maldito anfitrión. De hecho, fue peor de lo que esperábamos porque nos negamos a pagarle los 60 céntimos que estaba intentando sacarnos. Al final todo acabó con él mostrándonos la puerta y escupiéndonos al salir. O al menos eso nos pareció que hizo. Nos fuimos de compras por Núremberg. Los dos nos compramos unas cámaras, pues me habían robado la mía en Roma. Jack compró un reloj de cuco y unos juguetes para su familia. Hace tiempo que estamos intentando conseguir un *dachshund* para Olive, pero hasta ahora no hemos tenido éxito. Salimos hacia Wurtemberg después de comer y por el camino proseguimos nuestra búsqueda de un perro, un poco a la desesperada. Al final compramos uno en Wurtemberg por ocho dólares y lo llamamos Dunker, que es la única palabra en alemán que sabemos. Nos parece que es de una gran belleza, pero Jack enseguida empezó a tener asma y alergia, así que parece que las posibilidades de que llegue a Estados Unidos son bastante reducidas. Nuestra primera noche con él fue un poco agitada, pues tuvimos que enseñarle a que se quedara en su cama. Aprendió muy rápido, pero hay algo que no podemos enseñarle, lo que es un problema: cuando tiene que hacerlo, lo hace.

Wurtemberg, Colonia, 21 de agosto de 1937

Nos dirigimos hacia Frankfurt en el camino hasta Colonia. Estuvimos parando durante todo el trayecto intentando encontrar otro *dachshund*, pues Dunker es tan bonito que los dos queremos uno. Sin embargo, no tuvimos suerte (por suerte), así que seguimos nuestra travesía por el Rin. Este trayecto es precioso. Hay castillos por todo el recorrido, pero no teníamos tiempo para detenernos a verlos. Los pueblos alemanes son muy bonitos; limpios y ordenados. Desde luego, es una diferencia notable respecto a los sucios pueblecitos italianos que tanto nos han disgustado. Parece que los alemanes lo hacen todo bien y que su único problema es que son un poco, demasiado, conscientes de ello. Llegamos tarde a Colonia y, después de muchos problemas porque la ciudad estaba abarrotada, al fin encontramos habitaciones baratas. Sin embargo, conseguimos una muy buena.

Colonia, Ámsterdam, 22 de agosto de 1937

Nos levantamos a las seis, que es la hora habitual de despertarnos desde que tenemos a Dunker, pues es absolutamente necesario sacarlo, aunque reconozco que no sirve de mucho. Ha sido una mañana lamentable, aunque nos hemos despedido de nuestro anfitrión en buenos términos. Fuimos a la misa en la catedral, que es un ejemplo maravilloso de la arquitectura

KENNEDY HACIENDO MALABARES EN NÚREMBERG.

KENNEDY HACIENDO MALABARES EN NÚREMBERG.

gótica en su máximo esplendor. Es la catedral más bonita que hemos visto y es muy extraño que no la mencionaran en la asignatura de Arte 202. Desde Colonia nos dirigimos a Utrecht por una de las autopistas de las que se dice que son las mejores carreteras del mundo. Sin embargo, parecen completamente innecesarias, pues hay muy poco tráfico en Alemania. Aunque quizá Hitler tuviera algo escondido en la manga al construirlas y esté pensando en emplearlas con un propósito militar. Cruzamos la frontera con Holanda, donde pasamos al menos una hora. Todas las mujeres holandesas se parecen a Juliana. Enseguida nos enteramos de que el príncipe Bernardo es un vividor. Pagamos los impuestos por el combustible antes de entrar, lo que parece una buena idea. Nos detuvimos en Doorn y vimos donde vive el káiser. O al menos vimos su residencia. Es enorme y, desde luego, no vive en la miseria. Pasamos algo más de tiempo intentando comprar otro *dachshund*, pero al final llegamos a Ámsterdam algo tarde. Kennedy hace malabares bastante a menudo, y por fin conseguí hacerle una foto mientras lo hacía.

Ámsterdam, La Haya, 23 de agosto de 1937

Nos levantamos y enseguida salimos en busca de otro Dunker. Incluso llegamos a buscar uno en el mercado de perros. De nuevo, sin suerte (y, de nuevo, por suerte). Después de comer fuimos al museo de Ámsterdam que aparece en la página contraria y allí vimos muchas obras de Rembrandt, entre las que estaba la famosa *La ronda de noche* y su *Autorretrato*. Ambos cuadros fueron de una importancia vital en la película de Charles Laughton sobre Rembrandt, lo que hizo que fuera muy interesante. *La ronda de noche* tiene una historia especialmente interesante. El guía nos contó muchas cosas sobre ella. Jack fue al médico para averiguar si Dunker le da alergia. Los resultados son bastante desfavorables para Dunker, así que estamos pensando en deshacernos de él en cuanto le encontremos una buena casa por un buen precio. Llegamos a La Haya bastante tarde y tuvimos muchas dificultades porque no teníamos dinero. Recogimos a un colega del Ejército de Salvación, que estaba bastante verde, pero que nos prestó dinero suficiente hasta que abrieron los bancos.

La Haya, Amberes, Gante, 24 de agosto de 1937

Lo primero que hicimos por la mañana fue ir a American Express donde encontramos a un tipo decente que dijo que le gustaría comprarnos el perro por unos tres dólares, con lo que nosotros perderíamos cinco. Nos lo estuvimos pensando y mientras tanto paseamos por La Haya con la ayuda de un estudiante que nos hizo de guía gratis. Al final decidimos vender a Dunker y nos separamos de él con mucha reticencia tras hacerle muchas fotografías. Después salimos hacia Amberes. Cruzamos a Bélgica en un tiempo récord y llegamos a Amberes sobre las ocho. Kennedy mantuvo una larga y cara conversación con su madre por teléfono y tuvimos que pagar en efectivo debido a un malentendido en su manejo del francés. Condujimos un poco y paramos sobre las diez, pues Jack se ha puesto bastante mal y ahora yo tengo que conducir todo el tiempo. Paramos en Gante y después nos enteramos de que Blambo había estado en el mismo sitio a la vez que nosotros.

KENNEDY CON EL *DACHSHUND* OFFIE (DUNKER) EN LA HAYA.

LA HAYA.

Gante, Calais, 25 de agosto de 1937

Dejamos Gante tras discutir un poco por el precio de los huevos en Bélgica y nos dirigimos a Ostende, la famosa playa belga. Por el camino nos detuvimos en lo que creímos que era una catedral famosa, gracias a mis amplios conocimientos arquitectónicos adquiridos en Arte 201 y 202, deduje que databa de antes de 1900. Sin embargo, muy a mi pesar, me informaron de que tan solo tenía dos años, después de haber malgastado dos fotografías en ella. Nos quedamos muy decepcionados en la playa de Ostende, pues hacía mucho frío y era un día triste. Estuvimos allí sentados en la arena mojada un rato y yo construí varios modelos de los castillos franceses. Seguimos hasta Calais, donde descubrimos que habíamos perdido el último transportador de vehículos y, debido al ajetreo para conseguir el pasaporte de Kennedy, perdió también el último barco de correo. Él quería llegar allí enseguida, pues Joe y Kick estaban en Londres y se marcharían muy pronto a Estados Unidos. Así que consiguió subir a otro barco bajando por la costa y yo me quedé en Calais con el coche para llevarlo al día siguiente. Jack partió desde Boulogne. Yo me alojé en un pequeño hostal de Calais y me fui a la cama bastante pronto.

Calais, Londres, Canterbury, 26 de agosto de 1937

Me desperté muy pronto porque entraba muchísimo ruido por mi ventana, que estaba sobre la cocina. Me apresuré a llevar el coche al muelle a las 10:30 como me habían dicho, pero descubrí que mi barco no zarpaba hasta las doce. Tuve

EL COCHE ES DESEMBARCADO EN DOVER.

una travesía tranquila, aunque hacía bastante frío. Tuve que esperar al lento transportador de coches durante dos horas en Dover y tardé otra hora en pasar por las estrictas aduanas inglesas. Al final conseguí ponerme en camino y me dirigí a Canterbury. Me detuve y tomé mi primer té inglés allí. También vi la catedral, que no es nada impresionante en comparación con las francesas y las alemanas, pero obviamente también es posterior a ellas. Descubrí que esto se aplicaba a todas las catedrales famosas inglesas. Me dirigí a Londres y llegué allí sobre las seis. Me encontré con Jack, Joe y Kick en el Piccadilly Hotel, que es un sitio muy caro, así que Jack y yo nos fuimos al número 17 de Talbot Square, cerca de Lancaster Gate, en Hyde Park; solo nos costó 1,25 por noche con desayuno incluido. Curiosamente, descubrí que Maine se había alojado en el mismo sitio, pero nunca llegó a recomendárnoslo. Kick nos invitó a ver *French without tears*, que resultó ser muy divertida. Después fuimos todos a Dorchester House, que no era un lugar demasiado alegre, pero supongo que se debe a que el verano no es precisamente una estación alegre en Londres.

Londres, Southampton, 27 de agosto de 1937

Nos levantamos muy pronto y nos las arreglamos para subir al tren en Victoria Station. Me senté con Joe, Kick y el urogallo de Joe en primera clase. Nos echaron cinco veces, pero siempre nos las arreglábamos para volver. Nos encontramos con la señora Kennedy en el barco y tuvimos una larga conversación mientras esperábamos a que saliera el Manhattan. Al final el barco partió con Joe, el único hombre a bordo, rodeado de chicas divertidas. Kennedy mezcló zumo de tomate y chocolatinas en su camarote y a la vuelta en tren se encontraba bastante mal. Para cuando llegamos a Londres estaba cubierto por la urticaria y después de algunos problemas con un agente para aparcar el coche regresamos a Talbot Square. Para entonces Kennedy estaba realmente enfermo y le conseguí un médico horrible que no podría haber sido más desagradable.

Londres, 28 de agosto de 1937

Kennedy sigue muy mal. Me preocupa un poco porque tiene el mismo aspecto que un perro moribundo. Hemos probado todas las medicinas que existen para aliviar su urticaria, pero él resiste como un soldadito. Como a los dos nos disgustaba el médico, le pedimos a Doug Wilkinson que nos encontrase uno bueno. Vino y, tras hablar con él, se libró del otro médico por una libra. He encontrado un buen sitio para comer y estuve visitando un poco Londres, pero la mayor parte del tiempo me he quedado en Talbot Square.

Londres, 28 de agosto de 1937

Jack sigue bastante mal, pero está algo mejor. Me he pasado la mañana buscando libros de Wodehouse para él, pero no tienen ninguno en las pequeñas librerías dominicales de Charing Cross. Fui a ver la última película de Jean Harlow, *Saratoga*, que no es muy buena, pero resulta interesante por la manera en la que ponen a una chica en el papel de Harlow tras su muerte. Volví y descubrí que Kennedy estaba muy bien atendido por Doris, la criada. Hoy le han hecho un recuento sanguíneo, con buenos resultados.

Londres, 29 de agosto de 1937

Jack está mucho mejor, pero sigue un poco incómodo. Blambo llegó por la mañana y fui a su hotel con él, pues se está trasladando aquí. Comí con él y su chica belga, que parece bastante mayor y, extrañamente, loca por Blambo. Estuve haciendo unas compras por la tarde y me hice con una chaqueta americana. También fui a la Torre de Londres, que fue muy decepcionante. No sé por qué, pero me esperaba mucho más. Regresé bastante tarde y me llevé a Jack de compras. Él también encargó una americana en Selfridges. Esa noche Blambo y yo salimos un poco y luego regresamos a Talbot Square con la amiga de Blambo de Piccadilly para escuchar el combate de Tommy Farr y Joe Louis. El elemento galés levantó pasiones.

Londres, 30 de agosto de 1937

Kennedy ya está bien. Estuvimos de compras toda la mañana y la tarde. Después de cenar fuimos a ver una película y luego regresamos al hotel por Piccadilly. Londres sí es un lugar para comprar. Todo lo que se ve para hombre es el doble de barato y el doble de bueno que cualquier cosa que encuentres en Estados Unidos.

Londres, 31 de agosto de 1937

Un día con mucha pereza. Estuvimos gastando tiempo en Londres y haciendo las maletas para el castillo de Herstmonceux. Sir Paul Latham nos ha invitado a ir. El tiempo avanza muy rápido en Londres y nosotros no sabíamos cómo emplearlo. Estuvimos dando una vuelta esa noche después de la película y luego nos fuimos a la cama pronto.

Londres, castillo de Herstmonceux, 1 de septiembre de 1937

Nos levantamos temprano y estuvimos comprando toda la mañana. Aún no tenemos mucho que mostrar de nuestras grandes compras, pero esa es una de las cosas buenas de las tiendas inglesas: no parece que les importe que estés mirando mucho tiempo sin comprar nada. Ambos hemos comprado unos abrigos negros de noche y varios regalos para nuestras familias. Jack está preparándose para tener una enorme tienda de calcetines de lana. Después de comer salimos hacia la residencia de sir Paul. Había un tráfico horrible, así que no llegamos hasta eso de las cinco. El castillo es increíblemente bonito. No sabía que existía algo semejante. Lo construyeron durante o justo después del reinado de Guillermo el Conquistador. Sir Paul lo encontró en ruinas y lo ha reconstruido por completo. Es enorme y tiene infinitas habitaciones. Los jardines han sido diseñados a la perfección y los setos están cortados como fortificaciones. También tiene una piscina y una pista de tenis. Aquí hay muchos refugiados españoles viviendo en un ala, pero no los ves nunca. Tuvimos una cena agradable pero bastante larga y después nos fuimos a dormir. Me impresionó ver que cada habitación tiene un baño propio; algo muy poco habitual en Inglaterra.

Castillo de Herstmonceux, 2 de septiembre de 1937

Nos levantamos bastante tarde por la mañana. Sir Paul se había marchado a Londres así que tuvimos el castillo para nosotros solos. Habíamos decidido salir hacia Escocia esa noche, pero según fue pasando el día el castillo nos fue gustando cada vez más, así que tomamos la decisión de pasar el fin de semana aquí. No obstante, debido a la persuasión del «alma tímida» de Stanley decidimos marcharnos. Ese chico tiene a sir Paul totalmente confundido. Salimos bastante tarde y llegamos a Londres justo a tiempo para subir a The Flying Scot después de aparcar el coche en un garaje. Teníamos un compartimento de tercera clase y tan solo nos dieron una sábana y una almohada. Era muy incómodo, pero nos las arreglamos para dormir un poco.

Kinross-shire, 3 de septiembre de 1937

Llegamos a Kinross sobre las ocho y media y allí nos recogió el chófer de sir James, que nos llevó inmediatamente a Ledlanet. Allí nos encontramos con sir James y sus 8000 acres en un perfecto estado de salud. Enseguida nos llevó hasta su lago, donde pasamos toda la mañana pescando. Aprender cómo se lanza una mosca es toda una hazaña y Kennedy y yo acabamos pescando tan solo dos peces, pues sir James nos hizo devolver el resto. Sin embargo, sir James sí sacaba los suyos. Por la tarde caminamos por el páramo intentando disparar a conejos, que son bastante escurridizos. Ni Kennedy ni sir James ni yo alcanzamos a ninguno. Aquí tienen muy buena comida y estamos empezando a sentirnos recuperados de nuevo. Lady Calder es muy agradable y las noches las pasamos normalmente con sir James, riéndonos. Todos se retiran a las diez, y nadie debe quedarse levantado después de esa hora, pues sir James es bastante peculiar en lo que respecta al uso de la electricidad.

Kinross-shire, 4 de septiembre de 1937

Me levanté pronto y fui a misa con sir James y Jack. Fue un servicio religioso muy divertido. Aquí los alrededores son muy bonitos y hay muchos campos de golf famosos en todo el mundo, como el de Glen Eagles y Saint Andrew. Tuvimos un almuerzo muy copioso y después anduvimos con sir James y sus diez perros a través del páramo. Vimos un par de urogallos escoceses. Justo antes de la cena fuimos a dar otro paseo con el hijo de sir James, para buscar conejos. Aquí hay muchísimos; cuando subes una colina, el campo está repleto de ellos y parece que el propio campo es el que se mueve. Tuvimos la típica noche en la que nos acostamos pronto tras una conversación alegre a la mesa.

Kinross-shire, 5 de septiembre de 1937

Me levanté pronto, pues sir James desayuna todas las mañanas a las ocho y todo el mundo debe estar allí. Alrededor de las nueve nos abrigamos todo lo que pudimos y salimos al páramo con el guardabosques de sir James para atrapar algunos urogallos. No podía hacer peor día. Caminamos durante toda la mañana y ni siquiera pudimos disparar a uno. Al final llegamos a un pequeño lago y almorzamos. Kennedy mató allí un pato. Poco después, Kennedy disparó a su primer urogallo. Nos costó un poco encontrarlo, pero al final lo hizo el perro. Después llegó mi turno. Yo disparé a tres, pero al parecer fallé los tres tiros. Nos fuimos turnando durante un tiempo y finalmente, después de caminar durante dos horas más, Kennedy disparó a su segunda ave. Para entonces yo ya estaba un poco harto. Ya llovía muy fuerte y apenas podía ver a través de mis gafas. Cuando ya solo nos quedaban dos cartuchos, sugerí que yo podría disparar uno y Kennedy, el otro. Al final salió volando un ave y la alcancé, por fin. Me quedé muy satisfecho, pues antes me había sentido muy desanimado. Kennedy consiguió otra con su último cartucho. Regresamos cansados y empapados, pero contentos. Por fin hemos preparado nuestro equipaje y estamos listos para marcharnos. Acabo de terminar una novela maravillosa llamada *Paradise*. Básicamente es la misma idea que *Lo que el viento se llevó*. Nos acostamos pronto para descansar antes del viaje de mañana.

Kinross-shire, Edimburgo, Londres, 6 de septiembre de 1937

Nos levantamos pronto y nos apresuramos al tren, al que llegamos justo a tiempo. Llegamos a Edimburgo sobre las doce y estuvimos comprando un poco por Victoria Street. Hemos conseguido unos *tweeds* y lanas magníficos. Después fuimos a visitar el castillo de Edimburgo y el palacio de Holyrood.

Nos decepcionó un poco el primero, pero nos gustó mucho el palacio de Holyrood. Allí están las estancias originales de María Estuardo, pero lo demás se quemó y ha sido reconstruido. Edimburgo es una ciudad antigua muy interesante, pero desde luego no es para nada un lugar alegre. Las cosas están muy alejadas unas de otras y tuvimos que caminar mucho para verlas. Lo que más nos impresionó del palacio de Holyrood fue el retrato de María Estuardo pintado por un artista inglés llamado David. Ambos estuvimos de acuerdo en que era la pintura más bonita que habíamos visto nunca. Tomamos el Coronation Express de regreso a Londres, salimos alrededor de las cinco y llegamos a Londres a eso de las once. Es un tren muy bonito y los compartimentos de tercera clase son mejores que los de primera de cualquier otro tren. Regresamos al 17 de Talbot Square y nos instalamos en habitaciones diferentes.

Londres, 7 de septiembre de 1937

Me levanté tarde y fui a American Express, donde encontré un par de cartas de mi madre y una notificación para presentarme en el juzgado el 25 de septiembre. Es irónico, porque para entonces ya estaré de vuelta en Princeton. Aparqué en el lado erróneo de la calle cerca de Selfridges. Estuvimos haciendo unas compras por la tarde y regresamos para reunirnos con Blambo en Talbot Square. Descubrimos que se había marchado con sir Paul, que había llamado mientras nosotros estábamos fuera. Fuimos a ver una película y después volvimos para reunirnos con Blambo y sir Paul. Nos encontramos con Blambo, que había dejado a sir Paul y a lady Latham en el *ballet*. Le hicimos regresar y salimos a ver un poco más de la ciudad. Después regresamos al alojamiento y nos fuimos a la cama cansados pero contentos.

Londres, 8 de septiembre de 1937

Me levanté y encontré a Blambo en muy mal estado, tan malo que había dormido toda la noche con la manta que le habían puesto las amables chicas de Talbot Square. Lo dejamos en su cama al cuidado de nuestras atractivas anfitrionas y fuimos a hacer algunas compras más. También estuvimos viendo las figuras de cera del Madame Tussauds, que son muy interesantes. De hecho, son tan realistas que algunos de los empleados fingen ser de cera para confundirte. Llamamos a Blambo pero había salido, así que fuimos a cenar y fuimos a ver *Double or nothing*, una película que estaba destinado a ver tres veces. La primera vez estuvo muy bien. Nos fuimos a dormir pronto.

Londres, 9 de septiembre de 1937

Me levanté bastante pronto y pasé el día preparándome para dejar Londres y Europa. Saqué cien dólares más y pagué por toda nuestra ropa. Fuimos a United States Lines y descubrimos que teníamos que llevar el coche a Southampton a las ocho y media, lo que significaba que Kennedy y yo tendríamos que salir a las cinco. Sin embargo, descubrimos que tanto Simpson's como Selfridges se habían equivocado con los pedidos de Kennedy, por lo que tendría que recogerlos por la mañana, así que el bueno de Lemmer tendría que ir a Southampton él solo a las cinco. Esa noche fuimos a ver una película y nos acostamos pronto tras una alegre conversación con nuestras encantadoras anfitrionas.

Londres, Southampton, 10 de septiembre de 1937
S. S. Washington, 10 al 16 de septiembre de 1937

Me levanté a las cinco y media sintiéndome peor que nunca. Estuve desfalleciendo todo el camino hacia Southampton, que resultó bastante difícil de encontrar. Llegué a las nueve, temiendo que se negaran a embarcar el coche. Tardé alrededor de una hora en completar todo el procedimiento para sacar el coche de Inglaterra y luego lo dejaron estacionado en el muelle. Yo caminé un poco por el barco, que parecía estar lleno de gente muy variada, entre la que estaba Hugh Wilson, a quien habíamos conocido en San Juan de Luz.

Kennedy y su apestoso urogallo llegaron en tren. Obviamente tenía una sección para él, el tren entero prácticamente. ¡Esos bichos apestaban como el demonio! Blambo no bajó. El coche seguía sin estar en el barco. Podría haberme ido de Londres con ellos a las diez perfectamente. El barco no zarpó hasta las tres y aún no habíamos encontrado a nadie en el barco. El sobrecargo nos colocó en una mesa podrida, así que nos cambiamos. Por suerte vimos a tres chicas que parecían simpáticas y nos fuimos con ellas. También estaban Eadie, P. J. Garver y Missy Geer. También había chicos suficientes en el barco como para que fuera una buena travesía. George Roberts, los hermanos Cummings y un gran tipo filipino. El general y su hija volvieron a bendecir el barco con su presencia. La primera noche y el día siguiente nos hicimos los difíciles con las chicas de nuestra mesa; una táctica que resultó ser bastante buena, pues hizo que estuvieran ansiosas. Nos pusimos muy atléticos a bordo pues entrenábamos mucho en el gimnasio cada día. Uno de los campeones del mundo de lucha, un tipo llamado Johannes van [der Walt], que derrotó a Jim Londos en Sudáfrica, estaba buscando a hombres que entrenasen con él. Me vieron a mí y luché con él dos veces. Prácticamente me mató. Nunca he estado con un hombre tan fuerte. Ni siquiera podía moverme si él no me dejaba. Jugamos al voleibol cada día. Conocimos al señor McCleary, que regresaba con su novia. Atracamos alrededor de la una de la mañana del día 16. Mi madre, el tío Ike, Rip, Kick y Olive estaban allí para recibirnos. El señor Harris hizo que pasáramos la aduana sin problemas. Por fin estoy de vuelta en Estados Unidos tras un viaje maravilloso. Lamento mucho que haya acabado.

SILUETAS DE BILLINGS Y KENNEDY,
RECUERDO DE LA EXPOSICIÓN UNIVERSAL DE PARÍS.

OLIVER LUBRICH

EPÍLOGO

«Parece que Hitler es muy popular por aquí».

El viaje por Alemania de John F. Kennedy,
entre la comprensión y el error

El presidente Kennedy quiere visitar a Adolf Hitler en el año 1964, por el 75 cumpleaños del Führer. En esta idea provocativa se basa el éxito de ventas de Robert Harris *Patria* (1992), y en la película de Christopher Menaul esta visita tiene lugar de una manera espectacular. En este terrible escenario en el que «Germania» ha ganado la guerra en Europa y ahora quiere llegar a un acuerdo con Estados Unidos, Joseph P. Kennedy es quien viaja a Berlín como presidente. En realidad fue su hijo, John F. Kennedy, quien pronunció un discurso legendario en 1963 en la ciudad dividida («Ich bin ein Berliner», «Soy berlinés»). Menos conocido es que JFK, de joven, hizo tres viajes por Alemania: en 1937, tras su primer año en Harvard, como estudiante; en 1939, antes del inicio de la guerra, como hijo del embajador; y en 1945, con motivo de la conferencia de Potsdam, como reportero. El joven Kennedy llegó con distintas misiones: una turística, una diplomática y una periodística. Y adquirió ideas orientativas sobre la dictadura, sobre la guerra y sobre el conflicto sistémico.

Durante sus viajes, el joven Kennedy escribió textos que nunca llegó a publicar: un diario personal (1937), algunas cartas (1939) y borradores de reportajes (1945). Estos documentos se recopilaron por primera vez en 2013 y se publicaron en alemán con el título *John F. Kennedy – Unter Deutschen.*

Estos muestran el interés con el que su autor observaba a los alemanes, cómo trató de conocer su relación con Hitler y cómo cambió su manera de pensar.

En la historia alternativa de la novela de Robert Harris, el destino del mundo depende de la visita a Berlín de Joseph P. Kennedy. Pero las vivencias reales del joven John F. también tuvieron un impacto duradero y plantean cuestiones amplias: ¿qué significan sus experiencias en Alemania para su presidencia? ¿Qué papel desempeñan en su política con Alemania y Berlín? ¿Cómo podemos comprender, a partir de sus primeras notas, el desarrollo del que posteriormente sería estadista?

El gobierno de Kennedy (desde el 20 de enero de 1961 hasta el 22 de noviembre de 1963) estuvo marcado por la competencia entre los sistemas y el peligro de una guerra. La invasión de la bahía de Cochinos (17 de abril de 1961) y la construcción del Muro de Berlín (13 de agosto de 1961) fueron dos acontecimientos dramáticos. La crisis de Cuba y la de Berlín llevaron a la humanidad al borde de una nueva guerra mundial. Las cuestiones decisivas de sus años de gobierno ya preocupaban al joven Kennedy mientras viajaba por Europa y Alemania: ¿cómo funciona una dictadura? ¿Cómo se evita una guerra? ¿Y cómo llega a darse una sociedad alternativa?

Kennedy tuvo sus primeras experiencias con las sociedades totalitarias cuando, en 1937, conoció la Italia fascista y la Alemania nacionalsocialista, y habló con los refugiados de la Guerra Civil en Francia, cerca de la frontera española. Estudió por primera vez el camino hacia la guerra cuando, en el verano de 1939, visitó Múnich, Berlín y Dánzig: los lugares donde se apaciguó primero el conflicto, donde se decidió atacar y donde comenzó la invasión de Polonia. Vivió el inicio de la Guerra Fría cuando estuvo en Potsdam en 1945 mientras las potencias vencedoras negociaban allí el acuerdo de paz.

La relación de Kennedy con Alemania, su defensa de Berlín (Oeste) y su tan citada frase, que pronunció en alemán el 26 de junio de 1963 ante una multitud entusiasmada, son un reflejo de su conocimiento del país.

Durante sus viajes, el posteriormente presidente se fue alejando del programa político de su poderoso padre, que abogaba por que Estados Unidos se mantuviera fuera del conflicto europeo y que no se opusiera a las dictaduras («America first!»). Pasó de ser un aislacionista a un intervencionista.

La exposición de Kennedy en tres ocasiones a la Alemania nazi es una de las primeras experiencias de lo que sería la política internacional posterior y que adquiere importancia más adelante, pero también se trata de un testimonio histórico que es significativo por sí mismo porque, en primer lugar, es un ejemplo de cómo un norteamericano experimentó la dictadura alemana (in situ y en diferentes momentos) y de cómo escribió sus observaciones (en esos días y en diferentes formatos).

¿Cómo percibió John F. Kennedy el Tercer Reich en 1937, 1939 y 1945, durante la fase de consolidación, antes de la agresión bélica y tras su caída? ¿Qué puntos de vista encontramos en sus escritos? ¿Qué errores, falsas valoraciones y puntos ciegos se hacen visibles a posteriori?

1937 – Dictadura

Tras estudiar su primer año en Harvard, John «Jack» Kennedy, de 20 años (nació el 29 de mayo de 1917), se une en el verano de

1937 a su amigo del colegio Kirk LeMoyne «Lem» Billings (1916-1981) en un largo viaje educativo y ocioso: un *Grand Tour* por Europa. En el Ford Cabriolet de Kennedy, que embarcan con ellos, Jack y Lem recorren Francia hasta la frontera española, luego Italia, Austria y Alemania, y finalmente Países Bajos y Bélgica, y en barco hasta Inglaterra.

Durante el viaje Kennedy escribe un diario. En un diario encuadernado con el título impreso «My trip abroad», escribe cada día entradas en unas noventa páginas que, al parecer, no edita posteriormente, por lo que proporcionan una imagen fiel de su punto de vista. Este diario de viaje tiene varias dimensiones: una privada, una cultural y una política.

En primer lugar, lo que hacen los estudiantes universitarios es divertirse durante las vacaciones de verano. Se encuentran con conocidos, van al cine y salen de fiesta por los bares. Así, en Múnich van primero a la Hofbräuhaus, luego a un local nocturno y ven una película de Hollywood, *Comenzó en el trópico*, una historia de amor protagonizada por Carole Lombard. Siempre habla de mujeres. El viaje hacia el Tercer Reich empieza con un comentario lleno de suficiencia: «Picked up a bundle of fun» («Recogimos a la alegría de la huerta»). Se refiere a una joven sin identificar, Johanna, a la que recogen por el camino. Probablemente sea esta joven que conocen en el viaje a quien se refiere Kennedy en varias ocasiones como «Her Ladyship» («Su Majestad») de quien comenta con sarcasmo dos veces que no le gustaba el humilde alojamiento. También es posible que ese título ridículo se refiera a su amigo, supuestamente homosexual, Billings, para quien siempre estaba inventando nuevos apodos.

Mientras Kennedy iba en busca de nuevas aventuras (en el diario se mencionan numerosos ligues, citas y conquistas sexuales), Billings habría sido diferente. Se dice que Lem se le insinuó a Jack cuando estudiaban juntos, y este lo rechazó rotundamente sin que eso afectase a la relación entre ambos. Billings visitaba a Kennedy en la Casa Blanca en calidad de amigo íntimo, e incluso tenía a su disposición una habitación de invitados.

En el diario de Kennedy, su compañero de viaje parece ser una persona particular. Billings es el colega de Kennedy, de quien el hijo de un millonario se burla cariñosamente cuando este enferma en el santuario de Lourdes, cuando huele la comida francesa o cuando tiene que salir corriendo. En Notre Dame, el protestante esperó durante horas en la nave de la iglesia mientras que su amigo católico había conseguido un asiento cerca del altar. Al final, Kennedy deja que vaya a Boulogne a dejar el coche mientras él regresa a Inglaterra en un barco de correo.

Otro compañero es una mascota que adquiere en Alemania: un *dachshund* al que Kennedy nombra en honor al secretario del embajador de Estados Unidos en París, Carmel Offie. El hecho de que los dos norteamericanos viajaran con un animal durante la dictadura nacionalsocialista recuerda a la curiosa travesía que hizo la escritora Virginia Woolf, dos años antes, en la que cruzó el país con su mono domesticado, Mitz, para desviar la atención de los lugareños de ella y poder registrar sus propias impresiones sobre el fascismo en su diario.

El perro revela, por otro lado, un asunto que tuvo importancia en la vida de Kennedy: sus problemas de salud. Aquí tiene una reacción alérgica y desarrolla una urticaria. A lo largo de su vida sufrió dolores causados por enfermedades crónicas (en el estómago, en el intestino y en la espalda).

Billings bromeó con que si escribiera su biografía, esta tendría que tener un título médico: *John F. Kennedy, la historia de un paciente*.

Todo esto lo comparte en su diario. El estilo de sus escritos es lacónico. El humor juvenil de Kennedy se muestra mediante el uso de términos vulgares, pero también con una ironía mordaz y llena de referencias que no siempre se comprende a la primera. Así, en el diario incluye una lista de todos los alojamientos y marca con asteriscos todos en los que le han dicho que «no es un caballero». Hay diez alojamientos que reciben este galardón, dos de ellos incluso el doble. Debido a los recursos limitados de Billings, los jóvenes se alojan en hostales baratos o en albergues juveniles. Por eso parece que se comportan mal. Siempre hablan de los «problemas» que surgen en relación con el pago de los daños materiales que dejan a su paso.

Los estudiantes de la universidad de élite que es Harvard también tienen intereses culturales. Su viaje es un recorrido turístico. Kennedy menciona catedrales (la de Ruan, Beauvais, Notre Dame, Orléans, el Duomo de Milán, San Pedro y la catedral de Colonia), castillos (el de Thierry, Fontainebleau, Versalles, Chambord, Blois, Amboise, Chenonceau y los del Rin), museos (El Louvre, El Vaticano, el Deutsches Museum) y otros enclaves históricos (el Palacio de los Inválidos, Lourdes, el Coliseo, el castillo de Sant'Angelo o Pompeya). Ven *La última cena* de Leonardo da Vinci en Milán y el *David* de Miguel Ángel en Florencia.

Cada domingo, el católico practicante acude a misa, también en la catedral de Colonia, donde se queda impresionado por su arquitectura gótica. Visita Oberammergau, donde se representa *La Pasión*. Es entonces cuando menciona a

Anton Lang, que actuó como Cristo varias veces y adquirió por ello reconocimiento internacional.

Los dos turistas van también a Garmisch-Partenkirchen, donde el régimen de Hitler organizó los Juegos Olímpicos de Invierno. En el Deutsches Museum de Múnich, Kennedy y Billings consideraron las instalaciones mineras y los elementos aeronáuticos como una expresión del perfeccionismo alemán. Los dos destacan en sus diarios la belleza del valle del Rin, con sus pueblos y castillos pintorescos, pero también la modernidad de las autopistas, que se construyeron con fines militares.

Entre sus aventuras estudiantiles y las impresiones turísticas, Kennedy plantea a lo largo de su viaje reflexiones políticas que son de gran interés desde el punto de vista actual. Una serie de observaciones de los enclaves previos prepara el terreno para su confrontación con la Alemania nacionalsocialista. Así, poco después de su llegada a Francia, los estudiantes visitan los campos de batalla de la Primera Guerra Mundial: el Chemin des Dames, el Fort de la Pompelle, las catedrales bombardeadas de Soissons y Reims, además del Cementerio Estadounidense cercano al Château-Thierry. En la frontera española ven la ciudad vasca de Irún, que fue destruida por los franquistas, y escuchan las terribles historias de los refugiados. Muy cerca de allí, tres meses antes, la Legión Cóndor alemana había bombardeado el pueblo de Guernica. El lienzo que pintó Pablo Picasso como respuesta a este hecho se expuso en el pabellón español de la Exposición Universal de París (del 25 de mayo al 25 de noviembre de 1937).

Kennedy y Billings visitan dicha exposición, donde también vieron los monumentales pabellones de Alemania y la Unión Soviética, enfrentados uno al otro cerca de la torre Eiffel, como arquitectura de un conflicto sistémico. En Notre Dame asisten a una misa del cardenal Eugenio Pacelli, que después será el papa Pío XII y anteriormente nuncio apostólico en el Reich alemán, que firmó el Concordato en 1933 con el gobierno de Hitler, y era amigo del padre de Kennedy.

Tras haber asistido a clases de historia política en su primer curso universitario, Kennedy es consciente de lo incompletos que son sus conocimientos. En su diario escribe mal la palabra *fascismo* (*fascism* en inglés, pero él escribe «facism») y admite lo fácil que es dejarse influir «si no sabes nada» («If you know nothing»). Sin embargo, busca explicaciones, de manera sistemática, casi como un periodista político o un futuro etnólogo en ese campo. Durante el viaje, lee un libro del corresponsal norteamericano John Gunther que ofrece una visión panorámica de las distintas formas de sociedad y los líderes de los países europeos más importantes: *Inside Europe* (1936). A lo largo de todo el recorrido pregunta a lugareños, o lleva a desconocidos en su coche, entre ellos a unos soldados alemanes, pero también a un opositor a los nazis. Kennedy habla con Enrico Galeazzi, el secretario del cardenal Pacelli, y con Arnaldo Cortesi, el corresponsal en Italia de *The New York Times*, quienes quieren mostrarle las «ventajas» del fascismo, sobre todo las del «corporativismo» como sistema de compensación estatal de los intereses de diferentes grupos. «Parecía que tenía razón en algunas cosas», escribe Kennedy crédulo pero también vacilante. Durante sus días en Italia cree que «parece que el fascismo los trata bien». Al mismo tiempo, sabe que Mussolini acaba de librar una guerra colonial (1935-1936) y ha ocupado Etiopía y Abisinia.

Su viaje por Alemania lleva a los estudiantes a lugares que tuvieron un papel especial en la nazificación del país:

sobre todo Múnich, la «capital del movimiento» y del golpe de Hitler (1923), así como Núremberg, «la ciudad de los congresos del partido del Reich» (cuyo escenario fue presentado como modelo en la Exposición Universal de París). Se perdieron la llegada de Hitler por muy poco. Estuvieron en Núremberg del 19 al 20 de agosto de 1937; el «Congreso del Trabajo» se celebró del 6 al 13 de septiembre de 1937. Lem Billings explicó más adelante que «siempre se arrepintieron» de no haberse quedado más tiempo para ver a Adolf Hitler.

Gracias a que no solo se conserva el diario de Kennedy, sino también el de Lem Billings, podemos comparar dos percepciones distintas del mismo viaje. Los dos testimonios coinciden en muchos aspectos, a veces incluso literalmente; lo que puede deberse a que los amigos compartieran impresiones sobre los lugares y escribieran sus diarios de forma paralela. Sin embargo, también se diferencian en algunos detalles y, sobre todo, en su enfoque. Mientras que Kennedy se interesaba por las cuestiones políticas, para Billings tienen una relevancia menor y se centra en los elementos de la historia del arte. Billings menciona en varias ocasiones que Kennedy mantenía conversaciones políticas (ya fuera con el dueño de una bodega de champán o con el corresponsal de *The New York Times* en Roma), en las que aparentemente él no participaba.

Entre las trivialidades turísticas, los comentarios políticos de Billings son más escasos y superficiales. También concuerdan con el análisis de Kennedy, sobre todo en cuanto a los problemas de los partidarios y la propaganda del totalitarismo. En Alemania, Billings señala: «Parece que Hitler es muy popular por aquí. No puedes evitar apreciar a un dictador cuando estás en su propio país, pues no oyes de él más que cosas maravillosas y ninguna mala. La mayor arma de Hitler parece ser una propaganda muy eficaz» («Hitler seems very popular here –you can't help but like a dictator when you are in his own country – as you hear so many wonderful things about him and really not bad things. – Hitler's strongest weapon seems to be his very efficient propaganda»).

Si se comparan ambos textos, resulta evidente cómo se percibían Europa y Alemania ya en el año 1937: en general, parecen tener un nivel adecuado de educación e información, pero más privadas y sin prestar una atención especial a la situación política. Los escritos de Kennedy son más relevantes cuando se leen en paralelo con los de Billings. A diferencia de las narraciones de su amigo, en sus reflexiones se aprecian sus esfuerzos por adoptar una posición política.

La estancia de los dos estudiantes en Alemania apenas duró una semana, del 17 al 22 de agosto de 1937. Además de Garmisch-Partenkirchen, Oberammergau, Múnich y Núremberg, Kennedy y Billings escriben en sus diarios también sobre Frankfurt y Wurtemberg, durante su recorrido por el Rin y, finalmente, sobre Colonia antes de viajar hacia Holanda.

Su viaje en el año 1937 tiene lugar en un momento histórico de transición: tras los Juegos Olímpicos de 1936, cuando el régimen intentaba impresionar a los visitantes de todo el mundo con una escenificación elaborada, y antes de la agresión en materia de política exterior que se intensificó en 1938 a raíz de la «unión» de Austria y la anexión de los Sudetes, así como antes de la persecución violenta de los judíos, cuya indudable escalada fue la Noche de los Cristales Rotos en noviembre de 1938. En el verano de 1937 aún se podía visitar Alemania «con normalidad» como turista. Muchas cosas se pasaban por alto, pero también se podía comprender cómo funcionaba la dictadura.

Kennedy y Billings no fueron los únicos viajeros extranjeros que observaron el Tercer Reich desde dentro. Por ejemplo, el novelista Thomas Wolfe visitó Alemania en numerosas ocasiones y declaró que esta era su nación por elección, pero se despidió de ella en 1937 cuando en su novela confesional *I have a thing to tell you* (*Tengo algo que contarte*) describió su viaje como una experiencia impactante sobre la persecución de los judíos. Durante el medio año que estuvo en el país, Samuel Beckett escribió un diario con numerosas expresiones alemanas en el que mostraba su creciente tedio ante la uniformidad que observaba en la literatura, el arte, los medios y la sociedad: «What a Schererei this trip is becoming» («Este viaje se está volviendo muy desagradable»). También sacó la conclusión: «Voy a empezar a vomitar pronto. O irme a casa» («Soon I shall really begin to puke. Or go home»). El delincuente francés Jean Genet, quien vagabundeó por el Tercer Reich en 1937, afirmó también que el crimen había afectado a toda la sociedad: «Este es un pueblo de ladrones» («C'est un peuple de voleurs»), «Si robo aquí no estoy haciendo nada especial».

El documentalista estadounidense Julien Bryan, que recorrió Alemania en la misma época que Kennedy, grabó a granjeros durante la cosecha y a niños en una escuela judía, pero también a veteranos y soldados de uniforme, autopistas y aviones de guerra. Vivió el «Congreso del Trabajo» que Kennedy no presenció y declaró que fue «el mayor espectáculo del planeta» y que «nuestros partidos de fútbol no pueden competir con esto».

El sociólogo afroamericano W. E. B. DuBois publicó en *The Pittsburgh Courier* una investigación de varios meses de duración que había llevado a cabo para comparar la situación de los judíos en Alemania con la de los negros en su país.

DuBois escribió: «No asimilo la sorpresa constante de que me traten como a un ser humano» («I cannot get over the continual surprise of being treated like a human being»). Al haber sido aceptado «con cortesía» como negro en el Reich de Adolf Hitler, DuBois comprobó que no se le insultaba ni discriminaba, lo que durante un largo periodo en los Estados Unidos, por la segregación racial, habría sido «imposible». Sin embargo, DuBois sabía perfectamente que el racismo alemán estaba dirigido a otro grupo y que la persecución de los judíos «superaba en crueldad todo lo que había visto y yo he visto muchas cosas» («There is a campaign of race prejudice [...] against the Jews, which surpasses in vindictive cruelty and public insult anything I have ever seen; and I have seen much»).

Al igual que los testimonios de estos observadores, los escritos privados del joven John F. Kennedy y su amigo Lem Billings documentan cómo se percibía el nazismo en ese momento, sin correcciones, de forma espontánea, sin añadir conocimientos posteriores, con una mirada ajena, sin prejuicios alemanes.

En retrospectiva, las cosas parecen evidentes: «Nosotros no tuvimos más que malas experiencias allí», recordaba Billings casi tres décadas después. «Todo ese asunto nos disgustó. Dejamos el país con un mal presentimiento». Esa declaración obviamente negativa no corresponde con sus propios escritos ni con los del diario de Kennedy, que contienen banalidades cotidianas e impresiones turísticas, así como atajos ingenuos, dudas crecientes y análisis críticos. Desde el punto de vista actual, resultan ofensivos los estereotipos con los que el viajero busca explicaciones: tras una corrida de toros, Kennedy llega a la conclusión de que a los españoles les encanta la violencia; también que los franceses no son limpios, un «pueblo primitivo» con «aliento a col»; que los italianos son «el pueblo más cotilla», pero «muy organizado», y que «todo el pueblo [*race* en el texto inglés] es atractivo». En los textos de Billings se encuentran los mismos tópicos e incluso emplea términos de tinte racista como *to gyp* («gitanear» para engañar a alguien) o *wop* (término referido a los italianos o a norteamericanos de ascendencia italiana).

Estos prejuicios etnopsicológicos y especulaciones llevan a Kennedy a una conclusión osada: «Fa[s]cism is the thing for Germany and Italy, Communism for Russia and democracy for America and England» («El fascismo es lo adecuado para Alemania e Italia, el comunismo para Rusia y la democracia para Estados Unidos e Inglaterra»).

Merece una atención especial la fascinación que sienten por la belleza de la región del Rin. Billings escribe: «Los pueblos alemanes son muy bonitos; limpios y ordenados. Desde luego, es una diferencia notable respecto a los sucios pueblecitos italianos que tanto nos han disgustado. Parece que los alemanes lo hacen todo bien y que su único problema es que son un poco, demasiado, conscientes de ello» («All these German towns are very attractive – clean + well planned out – This is certainly a great difference from the dirty little Italian towns, that we have gotten to dislike so much. The Germans seem to do everything well – and their only trouble is that they are a little to[o] con[s]cious of it»).

Las palabras de Kennedy son aún más irritantes: «Todas las ciudades son muy bonitas, mostrando que las razas nórdicas ciertamente parecen ser superiores a las latinas. Los alemanes son demasiado buenos; por eso la gente se agrupa en su contra, lo hace para protegerse...» («All the towns are very attractive, showing that the Nordic races certainly seem superior to the Latins. The Germans really are too good – it makes people gang against them for protection...»).

Aunque se trate de unos escritos privados, el autor del diario actúa a nivel lingüístico, ya sea voluntaria o involuntariamente, con cautela: al utilizar el adverbio ciertamente (*certainly*) que contrasta con el significado de parecer (*seem*), tanto aquí como en otros fragmentos del diario, relativiza el adverbio y lo vuelve superficial, mientras que el adjetivo acompañado del adverbio (*too good*) también puede leerse de manera irónica o sardónica. También el uso de puntos suspensivos al final de la idea puede mostrar cierta ambigüedad, indecisión o inseguridad, pero la observación demuestra que el autor se dejó engañar por el orden público en Alemania, como ya le había pasado en Italia.

Las reacciones ambiguas o vacilantes son características de muchos viajeros extranjeros que visitaron la Alemania nazi. Cuando informó para el *Neue Zürcher Zeitung* en 1935 desde Berlín, el suizo Max Frisch elaboró una exposición racista con una mezcla de alienación moral y admiración técnica. Ya durante el primer año de guerra, la danesa Karen Blixen se mostró sorprendida por las nuevas construcciones sobredimensionadas que suponían «la mayor ejecución estética» que provocaba «un profundo asombro» y era al mismo tiempo algo «espeluznante». En un texto titulado *Berlin in the summer of 1939*, el emigrado a los Estados Unidos Heinrich Hauser describió las impresiones contradictorias que un visitante extranjero podía tener sobre el gobierno de Hitler durante dos visitas a la capital: una con un oficial del Führer y otra con un enemigo del régimen.

En muchos escritos podemos encontrar ambivalencias similares. Muchos visitantes oscilaban entre el rechazo y la atracción, o cambiaban su opinión previa a raíz de su experiencia en la dictadura. Un ejemplo de esta serie de ideas contradictorias lo vivió Martha Dodd mientras residía con su padre, el embajador de Estados Unidos William Edward Dodd, desde 1933 a 1937 en Berlín. En sus memorias *My Years in Germany*, publicadas antes de la guerra, relata que al principio se inclinó, ingenuamente, hacia los alemanes e incluso hacia el partido nazi, romantizó el país y se desprendió de la irritación inicial, combatió la inseguridad con sarcasmo frente a la violencia antisemita en las calles y se volvió más radical en sus opiniones políticas antes de que las informaciones sobre el horror, la tortura y los campos de concentración la desilusionaran. Aunque conservó una atracción estética e incluso erótica, finalmente adoptó una postura contraria y apoyó a los comunistas en la clandestinidad. Al final, Dodd advirtió a sus compatriotas de que era evidente que Hitler empujaría al mundo a la guerra y que estaba planeando exterminar a los judíos.

Tiempo después, Lem Billings explicó el proceso de madurez de su amigo con claridad:

> «Jack Kennedy experimentó un cambio considerable: en el verano de 1937, acababa de terminar su primer curso en Harvard y empezaba a mostrar un gran interés y una fuerte voluntad por reflexionar acerca de los problemas del mundo, y por escribir sus ideas [...]. Así, por ejemplo, insistió en que llevásemos con nosotros a todos los alemanes que encontrásemos. Fue muy productivo, porque muchos de ellos eran estudiantes y hablaban inglés. De esa forma aprendimos mucho sobre Alemania. Recuerdo que recogimos a dos soldados alemanes que estaban de

> vacaciones. [...] Pasaron una semana con nosotros y teníamos la sensación de que eran partidarios de Hitler. También recogimos a otro estudiante alemán que estaba en contra de Hitler. Seguramente ahora esté muerto».

El viaje europeo del verano de 1937 fue una iniciación política. Kennedy, como explica Billings, estaba «realmente interesado por el movimiento de Hitler». Este interés se centraba principalmente en la escenificación pública. Los medios, como señaló Kennedy, fueron cruciales para la popularidad de los dictadores: «Aquí Hitler parece ser tan popular como lo era Mussolini en Italia, aunque la propaganda parece ser su mayor arma» («Hitler seems so popular here as Mussolini was in Italy, although propagand[a] seems to be his strongest weapon»). Sin embargo, desde el extranjero se subestimaba el gran éxito con el que se había creado esa popularidad: «estos dictadores son más famosos dentro del país que fuera por la efectividad de su propaganda» («these dictators are more popular in the country than outside due to their effective propaganda»). Conocer la eficacia de la comunicación mediática será muy útil para el candidato en las campañas electorales para el Congreso, para el Senado y para la presidencia.

En las últimas páginas de su diario, Kennedy plantea una serie de preguntas. ¿Cómo de popular es Mussolini? ¿Cómo evolucionará la Guerra Civil española? ¿Durará la relación entre Alemania e Italia? ¿El rearme de Inglaterra puede reducir el riesgo de una guerra? ¿Sería posible el fascismo en Estados Unidos? ¿Qué papel tiene Francia? ¿Y la Unión Soviética? ¿El fascismo es la última fase del capitalismo? ¿O un preludio del comunismo? El diario acaba con las dudas de un observador inquisitivo que, indeciso, pregunta: «¿Es esto cierto?» («Is this true?»).

La entrada del diario del día de su partida de Alemania, el 22 de agosto de 1937, termina en Doorn, Holanda. Kennedy escribe que el exilio del káiser está cercado por completo por alambre de espino, «entirely surrounded by barbed wire». El informe sobre el recorrido alemán termina de esta manera con una observación sobre la catástrofe de las aspiraciones al poder mundial pasadas. Sus últimas palabras al respecto son «alambre de espino».

1939 – Guerra

John F. Kennedy viajó por segunda vez a Alemania poco antes del inicio de la Segunda Guerra Mundial. Mientras su padre estaba destinado como embajador de Estados Unidos en Londres, él pasó un semestre en Europa investigando para su tesis final con la que acabaría sus estudios en Harvard. El tema que escogió fue la docilidad de las democracias que en los Acuerdos de Múnich (durante los días 29 y 30 de septiembre de 1938) entregaron los Sudetes a Adolf Hitler: «Appeasement at Munich». El estudiante de ciencias políticas aborda la cuestión de cómo se contrarresta desde el exterior una dictadura agresiva, que él vivió dos años antes, y cómo se podría evitar una guerra, sobre todo con un rearme en el momento adecuado. Presentó esta tesis el año siguiente y publicó una versión revisada con el elocuente título *Why England Slept*. El título es una variación del *While England Slept* de Winston Churchill del año 1938. Sin embargo, y atendiendo a una broma que circulaba por entonces, podría haberse centrado más en el papel de su propio padre, Joseph P. Kennedy, que apoyaba la política británica de apaciguamiento hacia Hitler, y haberlo titulado *While Daddy Slept*. El libro fue un éxito de ventas.

Mientras se enfrentaba a la política del *appeasement* inglés y al aislacionismo estadounidense, Kennedy se reunió en la Embajada de Estados Unidos en París con uno de sus representantes más prominentes, que tenía una relación estrecha con su padre: el pionero aeronáutico Charles Lindbergh. Lindbergh había viajado en varias ocasiones a la Alemania nacionalsocialista, donde recibió un premio de la mano de Hermann Göring y se informó sobre la construcción de su fuerza aérea. Cuando, en el verano de 1939, aumenta la tensión en Europa y ya se espera que estalle una guerra, Kennedy se involucra intensamente con Alemania. Desde Londres o desde Francia, visita el país en varias ocasiones durante sus viajes a través del continente, que se encuentra en progresiva ebullición, en lo que son unas incursiones semioficiales al servicio de su padre. Como está en continuo movimiento, no escribe un diario ordenado, sino que envía informes de situación al embajador y cartas a su amigo Billings.

Primero se dirige a Dánzig, donde la crisis se agrava, y poco después estallará la Segunda Guerra Mundial. En una carta a Billings sobre esta «Ciudad Libre», que ya parece pertenecer a Alemania, Kennedy escribe: «Dánzig está completamente nazificada, muchos "heil, Hitler" y demás» («Danzig is completely Nazified – much heiling of Hitler etc.»). Una declaración, que concuerda incluso en las palabras «completely Nazified» con el informe del famoso corresponsal estadounidense William Shirer, que plasma con motivo de su visita a la controvertida ciudad el 11 de agosto de 1939 en su *Berlin Diary*.

Kennedy aprovecha las oportunidades que se le brindan como enviado del embajador: «He hablado con los líderes nazis y con todos los cónsules que hay aquí» («Talked with the Nazi heads and all the consuls up there»). A esto le sigue un análisis sobre los aspectos geoestratégicos, políticos y diplomáticos que resulta mucho más complejo y coherente que las impresiones del diario de 1937. Presenta estas ideas con ayuda de un mapa dibujado a mano.

El joven norteamericano cree, erróneamente, que Adolf Hitler está dispuesto a hacer concesiones, siempre que pueda plantar cara al ministro de Exteriores Joachim von Ribbentrop «y a los radicales» («Ribbentrop and the radicals»). No obstante, Kennedy espera que no se llegue a desatar una guerra, pero, al contrario, su predicción acabaría siendo correcta: «Lo que hará Alemania si decide ir a la guerra será situar a Polonia en la posición de agresora y entonces ponerse manos a la obra» («What Germany will do if she decides to go to war –will be to try to put Poland in the position of being ag[g]ressor– and then go to work»). El 13 de agosto de 1939 dos agentes alemanes fingen un ataque de Polonia a la emisora de radio de Gliwice, que sirve como pretexto para atacar al país vecino y, así, se desencadena la Segunda Guerra Mundial.

En las cartas desde Londres del 17 de julio de 1939 y desde Berlín el 20 de agosto de 1939, Kennedy alude de nuevo a la crisis de Dánzig. Desde Berlín escribe que la propaganda, que ya le había interesado en 1937, está desarrollando una dinámica funesta: «Sigo sin creer que vaya a haber una guerra, pero la situación pinta mal porque los alemanes han llegado hasta tal punto a nivel interno con las historias propagandísticas sobre Dánzig y el corredor que es complicado que vayan a retroceder. Esta vez parece que Inglaterra se mantiene firme pero, como eso no es lo que se piensa aquí, el mayor peligro es que los alemanes cuenten con tener otro Múnich y se metan en una guerra si Chamberlain se niega a ceder» («I still don't think there will be a war, but it looks quite bad as the Germans have gone so far internally with their propaganda stories on Danzig + the corridor that it is hard to see them backing down. England seems firm this time, but as that is not completely understood here, the big danger lies in the Germans counting on another Munich + thus finding themselves in a war when Chamberlain refuses to give in»).

Kennedy viaja ese año a Alemania con Torbert Macdonald (1917-1976), su compañero de habitación en Harvard, que fue a Inglaterra para asistir a una competición deportiva (y después de la guerra se convirtió en congresista). Junto con la estrella del fútbol Byron «Whizzer» White (a quien después JFK nombraría juez del Tribunal Supremo), con quien se reunieron en Múnich en julio, ambos tuvieron un enfrentamiento con personas de la Sturmabteilung, aunque el embajador les previno de que debían evitar conflictos con los alemanes, es decir, que llevasen a cabo un *appeasement* a nivel privado. Macdonald relata que ocurrió lo contrario cuando él, Kennedy y White se acercaron con el coche a una vigilia en honor al mártir nazi Horst Wessel:

> «Pasamos por este monumento a un héroe de la cervecería, Worst Hessel o algo parecido, así que redujimos la velocidad para observarlo. Un par de tipos de la Sturmabteilung habían encendido un fuego y empezaron a gritar. Por entonces no sabía quién era Worst Hessel, sinceramente creía que era un héroe local, así que nos detuvimos. Ellos se enfadaron, nosotros les devolvimos los gritos y empezaron a lanzar piedras a nuestro coche. Cuando nos íbamos, le pregunté a Jack: "¿Qué narices les

> pasa? ¿Por qué se han puesto así? No hemos hecho nada". Y Whizzer me lo explicó: nuestro coche tenía matrícula inglesa».

Cuando regresaron a Francia, «Jack» y «Torb» alquilaron un coche para ir de vacaciones con la familia a la Costa Azul. El 12 de agosto salieron de nuevo hacia Alemania. Kennedy le habla a su padre de una noche en la ópera, en Múnich, con *Tannhäuser* de Wagner. Después va a Viena, que ya está «anexionada» y, desde allí, a Praga, que está bajo ocupación alemana y para los norteamericanos sería un lugar *off limits*. El diplomático George Kennan, destinado allí, recuerda la reticencia de los miembros de su oficina para organizar la visita del hijo del embajador, a quien se consideraba «engreído e ignorante» («an upstart and an ignoramus»):

> «Cuando las tropas alemanas atravesaban, como olas embravecidas, la frontera de Bohemia, no había tráfico ferroviario ni aéreo, ni estaciones fronterizas operativas. En mitad de esta confusión general, recibimos un telegrama de la Embajada de Londres que decía que nuestro embajador allí, el señor Joseph Kennedy, había elegido ese momento para enviar a uno de sus hijos jóvenes en un recorrido de exploración por Europa y que nosotros teníamos que encargarnos de que cruzase la frontera y llevarlo a través de las líneas alemanas para que pudiera incluir en su trayecto una visita a Praga. Esto nos enfadó mucho. Joe Kennedy no era conocido por ser especialmente amigo de los diplomáticos de carrera y, por lo que habíamos oído hablar de él, muchos de nosotros respondimos con una gran falta de entusiasmo. Su hijo no tenía estatus

> oficial y era, para nosotros, claramente un arribista y un ignorante. La idea de que él pudiera averiguar e informarnos de algo sobre la situación en Europa que nosotros no supiéramos o de lo que hubiéramos informado hacía tiempo era para nosotros (y no sin motivo) completamente absurda. Nos pareció increíble que unas personas muy ocupadas con otras cuestiones tuvieran que perder el tiempo organizando su viaje. Con la formalidad cortés, pero desganada, que demuestran los diplomáticos cuando se les pide que se ocupen de compatriotas atrevidos que insisten en ir a lugares donde no se les ha perdido nada, me encargué de que atravesara las líneas alemanas, de que lo llevaran a Praga y me preocupé de que viera lo que quería ver. Finalmente aceleré su partida y me alegré de haberme librado de él, o eso es lo que yo creía por entonces. Si alguien me hubiera dicho que algún día ese joven sería el presidente de los Estados Unidos y que yo, como jefe de una misión diplomática, sería un humilde empleado a su servicio, habría dicho que o bien mi interlocutor o bien yo mismo habíamos perdido completamente la cabeza. Cuando un día, años después, sentado en mi despacho de Belgrado recordé este episodio, la verdad se me apareció de repente, aterradora».

Cuando el 23 de agosto de 1939 se firma el Pacto de No Agresión con la Unión Soviética, el periodista William Shirer escribe en su *Berlin Diary*: «Una gran emoción», «menudo viraje» y «ahora sí parece una guerra». En los tejados se instalan cañones de defensa aérea. Aviones de la Luftwaffe sobrevuelan la capital. Según se dice, el Encargado de Negocios en representación de Estados Unidos en Berlín, Alexander

Kirk, habría entregado al joven Jack Kennedy un mensaje diplomático para su padre, el embajador en Londres: dentro de una semana, Alemania atacará.

Los relatos de Kennedy del verano de 1939 se inspirarían en este momento histórico. Sin embargo, al mismo tiempo se queja, con su sarcasmo característico y en el papel de carta del Hotel Excelsior de Berlín, de la comida alemana («one week of these German meals»), cuyas repercusiones ya conoce. Los comentarios cínicos, los relatos de fiestas y aventuras amorosas que ya ocupaban un amplio espacio del diario de 1937 se repiten también en vísperas de la Segunda Guerra Mundial. Kennedy comenta que en Varsovia «se había divertido mucho».

Al explicar en su carta sobre la situación de Dánzig que los polacos no podrían entregar la ciudad a los alemanes porque de esa manera estos controlarían todas las rutas de exportación, el corresponsal emplea el tópico antisemita del comerciante judío. Los alemanes, dice, podrían obligar a los «comerciantes judíos» («Jew merchants») a llevar sus barcos a los puertos que habían perdido.

Esta elección de palabras resalta bastante en los testimonios de Kennedy, pero no sería algo poco frecuente en su entorno. Así, su hermano mayor, que está viajando al mismo tiempo por Europa, en una carta dirigida a su padre del 10 de junio de 1939 llega a hablar de forma más severa de los judíos, a quienes rechaza acoger en su país. Joe Jr. es de la opinión de que Estados Unidos debería mantenerse al margen de la crisis europea, con lo que se distancia de la política de su ministro de Exteriores y de su presidente:

> «Antes de que los señores Hull y Roosevelt me pidan que vaya allí y luche porque se ha hundido un navío estadounidense o

> porque los alemanes han asesinado a turistas, quiero que me respondan a las siguientes preguntas: ¿cuáles serían, en su opinión, las consecuencias económicas y políticas de que Alemania dominase Europa tras haber acabado con Inglaterra y Francia? ¿Qué volumen comercial perderíamos y en qué medida nos afectaría? [...] ¿Vamos a indignarnos por cómo se trata a los judíos cuando católicos y demás han sido asesinados con una crueldad mayor en Rusia y en la España republicana sin que se haya pronunciado ni una palabra como protesta? ¿Queremos traer el antisemitismo a nuestro propio país por acoger a 40 000 judíos e indeseados políticos de Europa [...]?».

Joe Jr. refleja aquí la postura de su padre sobre el aislamiento de Estados Unidos, que deja en manos de las dictaduras europeas a sus víctimas; una actitud de la que su hermano pequeño se va alejando cada vez más:

> «¿Vamos a luchar por la libertad de las personas de todo el mundo, de sitios que a nosotros no nos importan nada, o solo a las personas de estos países? ¿Queremos garantizar la libertad en cada país del mundo y, si esta libertad no se da, los invadiremos? ¿Pondremos el grito en el cielo cuando los italianos intervengan en Etiopía y en España, y los alemanes en Checoslovaquia, pero después no haremos nada cuando los cobardes ingleses se nieguen a luchar? [...] ¿Acaso se le ha ocurrido pensar a alguien que en Italia y en Alemania hay personas que son felices?».

Joe Jr. se reúne en Berlín el 21 de agosto con la aristócrata inglesa Unity Mitford, pero inmediatamente siente repulsión hacia esta simpatizante nazi y partidaria de Hitler: «Es una nazi muy entusiasta», escribe, «seguramente esté enamorada de Hitler».

Al visitar el lugar de vacaciones de su familia en la Costa Azul, su hermano no se encuentra con la simpatizante nazi inglesa, sino con una actriz alemana exiliada que ahora está en Antibes acompañada del escritor Erich Maria Remarque (autor de la novela antibelicista *Sin novedad en el frente* publicada en 1939): Marlene Dietrich, que en sus memorias recuerda que durante el último verano de paz bailó con Jack Kennedy.

La producción televisiva compuesta por dos partes «*JFK – Reckless Youth*» (de Harry Winer, 1993, con Patrick Dempsey) que muestra los viajes de Kennedy por el Tercer Reich despertó fantasías eróticas y cinematográficas. Un episodio especialmente repleto de tópicos muestra el trayecto con Torbert Macdonald a lo largo de Italia y Alemania en el verano de 1939 (donde también se incluyen elementos del viaje con Lem Billings del año 1937); consecuentemente se sexualiza la relación de Kennedy con el fascismo. Al principio, los norteamericanos llevan consigo a una mujer alemana, la pelirroja Beate, que combina lo seductor y lo peligroso de su país en el clásico papel doble de ramera y santa. Esta aparece ante una estatua de la Virgen y en la siguiente escena acaba en la cama con el protagonista mientras fuera de la habitación se oye una marcha fascista. Un concierto de cámara (de Wagner) la lleva a un estado de excitación que solo parecen sentir los alemanes. «You're not German» («Tú no eres alemán»), le explica al norteamericano y este se pregunta: «¿Cómo un país puede crear tanta belleza y tanta violencia al mismo tiempo?».

Para llegar al fondo de esta cuestión, en la serie Kennedy se acerca con erotismo a los alemanes de una manera que resulta inquietante. En una cervecería, cuando cantan la canción de Horst Wessel, se da una rivalidad sexual con el compañero alemán de Beate, que encarna al típico nazi elegante de las películas, una fantasía de uniforme negro (entre el traje nacional, las SS y el dandi existencialista) que lleva el nombre pseudoprusiano de Joachim von Hildenstein pero que ha estudiado en Oxford y habla inglés a la perfección. Aquí, Kennedy pronuncia unas palabras en alemán sobre la cerveza, la metáfora alemana para la embriaguez: «Das ist gut» («Esto es bueno»).

La relación con Alemania es el tema subyacente de toda la producción, que narra la vida de Kennedy desde su niñez hasta su primer triunfo electoral. La dictadura nacionalsocialista se compara con el régimen que había instaurado el director de su internado de Connecticut. Se alude sin disimulo alguno al atractivo de las «autoestopistas alemanas». El padre envía a Jack y a Torb a un viaje en el que él les compara irónicamente con Adolf Hitler, como un seductor despiadado: «Si la gente cree que Hitler es malo, que esperen a veros a los dos». Más adelante, la amante rubia de Kennedy, Inga Arvard, a pesar de ser danesa, es sospechosa de actuar como «espía alemana». Ella también representa una tentación alemana que combina belleza y fascismo. Como Inga ha conocido a Adolf Hitler en su trabajo como periodista, Kennedy le pregunta mientras ella le seduce: «¿Así es como has entrevistado a Hitler?».

Francine Mathews representa de una forma similar la relación de Kennedy con el nacionalsocialismo en su thriller de espionaje *Jack 1939* (2012). La novela de la antigua empleada de la CIA se basa en la ficción poco creíble de que el presidente Roosevelt habría contratado al hijo del embajador, de 22 años, como agente especial en la primavera de 1939 para investigar una red nazi en Europa que querría influir en las elecciones presidenciales de Estados Unidos mediante sobornos, y en la que está involucrado, para su vergüenza, el padre de Kennedy. El tópico del sádico elegante («un experto en comida, en música, en violencia») y del seductor diabólico («su mano en la espalda era embriagadora») lo encarna Reinhard Heydrich, el jefe de la Gestapo. Kennedy compite con él por la misma mujer mientras lleva a cabo su misión por Berlín, Dánzig, Moscú, Viena, Praga y Varsovia. El agente secreto norteamericano pierde a su amante misteriosa frente al jefe de la policía secreta. Invadido por las celosas fantasías, sigue a los dos a través de media Europa. Mientras los dos hombres mantenían relaciones sexuales con la misma mujer, se fue desarrollando una indirecta y obscena relación erótica entre el futuro ejecutor de la «solución final» y el futuro presidente de los Estados Unidos. Kennedy se imagina que nota en su propio cuerpo el roce de Heydrich en la piel de su amante («Jack casi podía sentir la presión de su pulgar en su cuerpo»), y mientras tanto ella está distraída por su presencia secreta («¿Sentiría Heydrich su repentina atención a través del dedo en su brazo?»). Cuando descubre el doble juego de la hermosa mujer con el nombre ambiguo de Diana Playfair, Heydrich ordena matarla. Entonces Kennedy se culpa a sí mismo por no haberla salvado, lo que sería una alegoría política de cómo Estados Unidos e Inglaterra no pudieron salvar a la amenazada Polonia. «¿Qué clase de hombre», se pregunta, «deja a la mujer a la que ama en manos de un sádico?». Cuando se mira en el espejo, cree haberse transformado en la imagen de Heydrich, pues lo que ve es «el rostro de un asesino» («a killer's face»).

1945 – Fascinación

En su próximo viaje por Alemania, el Kennedy histórico, no el ficticio, demostrará lo lejos que llegó para seguir el rastro de la fascinación por el nacionalsocialismo. La producción televisiva y el thriller de espías llevaron esa fascinación al ámbito erótico: como relaciones sexuales con alemanas ambivalentes y como rivalidad sexual con alemanes inescrutables. El propio Kennedy intentó comprender el efecto de una personalidad carismática siguiendo los pasos de Adolf Hitler. Esto lo hace al final de su informe del año 1945, después de visitar la Alemania destruida.

Sin embargo, a lo largo de esta visita se enfrenta a una serie de problemas políticos, militares y económicos. El tercer viaje de Kennedy tiene lugar poco después del final de esta guerra y del inicio de otra, la Guerra Fría, durante la que, pasados unos años, sería elegido presidente. ¿Cómo vivió los inicios de esa nueva confrontación? ¿Qué escribe sobre el Ejército Rojo, al que ve en Alemania? ¿Qué opina sobre el estado de Alemania, sobre su división y la política de ocupación? ¿Y cuál es su conclusión final sobre el Tercer Reich tras su caída?

Cuando viaja a la conferencia de Potsdam (del 17 de julio al 2 de agosto de 1945), Kennedy acude como observador profesional. Ya había publicado para el International News Service del empresario mediático William Randolph Hearst una serie de artículos desde San Francisco, donde se firmó la Carta de las Naciones Unidas (el 26 de junio de 1945) y desde Inglaterra, con motivo de las elecciones a la cámara baja (el 5 de julio de 1945). Además, acude también como veterano de guerra, pues sirvió tres años en la Marina de Estados Unidos y salvó a la tripulación de su lancha torpedera (PT 109) en el

Pacífico después de que la alcanzase y hundiera un destructor japonés. Kennedy acompaña al secretario de la Marina de Estados Unidos, James Forrestal (otro conocido de su padre), primero a Berlín y luego a Potsdam. Allí negocian el presidente Harry Truman y el ministro de Exteriores James Byrnes en nombre de Estados Unidos, el nuevo primer ministro de Gran Bretaña Clement Attlee y el ministro de Exteriores Ernest Bevin, el secretario general Iósif Stalin y el ministro de Exteriores Viacheslav Mólotov por la Unión Soviética.

Aquí Kennedy tiene la oportunidad de observar de cerca a los actores de la época de posguerra. Sin saberlo, en Alemania se encuentra con sus dos sucesores a la presidencia: Harry S. Truman (1945-1953) y Dwight D. Eisenhower (1953-1961). Probablemente acudiese con el presidente a un desayuno del grupo de Forrestal. Una foto lo muestra en el aeropuerto de Frankfurt detrás de Eisenhower, el comandante en jefe de las fuerzas estadounidenses en Europa.

El método de los viajes de Kennedy sigue siendo el mismo: tras en 1937 preguntar por su visión política a autoestopistas que recogía y a personas con las que se encontraba, en 1939 tuvo acceso a los diplomáticos y «habló con los líderes nazis y con todos los cónsules» en Dánzig. Ahora quería hablar con los miembros de la administración militar aliada (el coronel Howley), con corresponsales (como Pierre Huss) y también con ciudadanos alemanes («una chica alemana»).

En el verano de 1945 Kennedy vuelve a escribir un «diario europeo» en el que no se limita a redactar vivencias y pensamientos con su fecha, sino también observaciones formuladas a modo de informe sobre el viaje.

Durante el vuelo de París a Berlín, el joven periodista ve ciudades bombardeadas y estaciones ferroviarias destruidas.

La capital, que había visitado poco antes del estallido de la guerra, la encontrará «completamente destruida». Describe las ruinas «grisáceas», el olor «dulzón» de los cadáveres y el rostro «pálido» de las personas que viven en los sótanos. Su estilo ha cambiado desde su época de estudiante; ahora es más maduro y gráfico. Transmite la visión de los escombros con intensidad y redacta como un periodista.

Cuando se percata de que las personas llevan sus posesiones en «paquetes», Kennedy emplea la misma palabra en inglés (*bundles*) que utilizó en su primer viaje por Alemania en el año 1937 para referirse a una autoestopista («bundle of fun») y le da un significado macabro. Las mujeres con las que coqueteó en 1937 habían sido violadas, se habían convertido en prostitutas, quieren pasar desapercibidos a los rusos y se ponen guapas para los estadounidenses.

Este observador se centra sistemáticamente en los problemas de orden público de la posguerra y de la reconstrucción de las zonas ocupadas. Su informe trata la desnazificación, la fraternización y la gestión pública. Presenta diferentes enfoques acerca de cómo tratar a los alemanes, como un pueblo sometido o como un nuevo aliado para la cooperación; analiza también el suministro de alimentos, de carbón y leña, el racionamiento y el mercado negro, las infraestructuras y los medios de transporte; habla de los trofeos de guerra y de cuestiones monetarias (el marco, el dólar, el dinero de la ocupación), y presenta, sin mencionar sus fuentes, datos y estadísticas.

Entre las ruinas, visita las instalaciones de defensa destruidas, pero también reflexiona sobre el potencial del país, especialmente de la industria en Bremen y Bremerhaven: los astilleros donde se fabricaban submarinos en serie, su inteligente sistema de aislamiento y la última tecnología en suministro de aire. Como antiguo comandante de una lancha torpedera, habla con conocimiento cuando dice que las lanchas de los alemanes son «superiores».

A los soldados del Ejército Rojo, a quienes el estadounidense ve en Berlín y Potsdam, Kennedy los describe como hombres «rudos», que suelen estar borrachos y van vestidos con uniformes sucios. Se entera de que estos han robado, saqueado y violado. Cita a una alemana con las palabras: «En muchos aspectos, las SS eran tan malas como los rusos». Las SS eran tan malas como los rusos, y no al revés; eso significa que los rusos son la medida de todo mal, y no la división Totenkopf de las SS. Parece que los intereses se centran ya en el nuevo conflicto que se está gestando con la Unión Soviética.

Sin embargo, Kennedy añade que los aliados occidentales tienen también «mucha parte de culpa» y señala que los soldados del Ejército Rojo habían adoptado una disciplina que no se asemejaba a la de los norteamericanos. También elogia la actividad política en la zona de ocupación soviética: se habían creado partidos (socialistas) y las escuelas habían vuelto a abrir.

Al haber conocido Alemania antes de la guerra, Kennedy se muestra particularmente sorprendido por la magnitud de la destrucción que ha visto desde el avión, en las carreteras y en los astilleros. Como otros observadores extranjeros, se pregunta cuál es el resultado de los bombardeos aliados. ¿Aceleraron estos el fin de la guerra? ¿Provocaron víctimas innecesarias? Las periodistas como Janet Flanner, Martha Gellhorn y Virginia Irwin, que llegaron a Alemania en 1945 con las tropas aliadas, fueron las primeras en informar sobre esta destrucción y evaluar el impacto que tenía en la moral de la población. Algunos autores como W. H. Auden y James

Stern, que habían vivido en Alemania antes del gobierno nazi, regresaron tras el conflicto para preguntar a los afectados cómo habían vivido la guerra aérea para la U. S. Strategic Bombing Survey. En la inquietante creación que es su novela *Matadero cinco: La cruzada de los niños* (1969), Kurt Vonnegut, que sobrevivió al ataque de Dresde en febrero de 1945 en el sótano de un matadero como prisionero de guerra, redacta lo que se convierte en el testimonio literario más impactante de este trauma. Poco después de la estancia de Kennedy, el director italiano Roberto Rossellini rueda en el Berlín en ruinas una película neorrealista con actores aficionados alemanes que trata la devastación material y psicológica al hablar de un joven desatendido y cegado que, empujado por la necesidad, mata a su propio padre: *Alemania, año cero* (1947).

La conclusión de Kennedy sobre la guerra aérea es negativa: «El bombardeo no ha logrado detener la producción de armamento alemana». No obstante, los daños que ha dejado a su paso son considerables y serán visibles durante mucho tiempo. Emite un pronóstico pesimista para la ciudad que visitará dieciocho años después como presidente: Berlín podría «seguir siendo una ciudad improductiva y en ruinas».

Unos días después de escribir esto, la *Bombenkrieg* alcanzaría dimensiones sin precedentes. Cuando Kennedy llegó a Potsdam, el presidente ya había dado la orden de utilizar armas nucleares. Al regresar Kennedy a Estados Unidos con el ministro Forrestal, la ciudad japonesa de Hiroshima es destruida.

En Frankfurt, Kennedy visita el edificio de IG-Farben, la central de la empresa, que se benefició en gran medida de los trabajos forzados de Auschwitz y fabricó el Zyklon B empleado en las cámaras de gas. Sin embargo, el informe de Kennedy menciona en una ocasión los crímenes alemanes, cuando cita a una mujer alemana y aparecen las palabras «campos de concentración»: «La gente no comprendía lo que ocurría en los campos de concentración». Él mismo parece obviar los datos conocidos del genocidio y se interesa menos por las cuestiones morales que por la tecnología militar (como, por ejemplo, por la bomba Tallboy antibúnker de 12 000 libras, la fábrica Willow Run para la producción en serie de bombarderos de largo alcance o la técnica snorkel de los submarinos alemanes).

En su libro, que tuvo gran éxito antes de la guerra, Martha Dodd, la hija del embajador de Estados Unidos en Berlín, ya había advertido de que Hitler estaba obsesionado con el «exterminio» del pueblo judío. Y también Edward Murrow visitó Buchenwald antes del final de la guerra e informó desde el campo de concentración liberado para un programa de radio de la CBS. «Para describir la mayor parte de esto», declaró el experimentado periodista, «me faltan las palabras».

Sin embargo, Kennedy presagia que una idea de autoridad («que resulta en una disposición para ejecutar órdenes») y la predisposición («solícita en extremo») a cumplir cualquier tarea con esmero («de manera eficiente», «de forma apasionadamente precisa») pueden tener consecuencias fatales: «La obediencia de los funcionarios alemanes hace evidente lo fácil que es hacerse con el poder en Alemania». Lo que podría marcar la diferencia es una personalidad de líder cautivador.

Al final de su viaje por Alemania, John F. Kennedy intenta esclarecer la oscura fascinación que rodea a Adolf Hitler incluso tras su muerte. Desde el extranjero, mucho antes de que se hiciera con el poder, ya había un interés por el Führer del NSDAP (partido Nacionalista Socialista Obrero Alemán) y por cómo poco a poco se había creado el mito de

Hitler que rodeaba a esta figura al mismo tiempo ingenua y peligrosa, ridícula y diabólica. Este mito proviene de mucho antes: se remonta a cuando el primer corresponsal de Estados Unidos Karl Henry von Wiegand entrevistó al demagogo de Múnich y lo presentó como el «Mussolini alemán» (1922), y fue alimentado por el libro de Dorothy Thompson *I Saw Hitler!* (1932) y un reportaje ilustrado en la revista *Homes & Gardens* (1938) sobre «la casa en la montaña de Hitler» donde se mostraba la acogedora residencia en Obersalzberg, de la que el vegetariano había sido «su propio arquitecto» y tenía «las mejores vistas de toda Europa».

Primero, Kennedy busca las ruinas de la cancillería. Desciende hasta el búnker de Hitler. Allí, describe la sala en la que se suicidó Hitler y donde todavía quedan rastros del fuego. Al final de su viaje, se dirige a Obersalzberg, cerca de Berchtesgaden. Visita la Berghof, la residencia rural de Hitler en la ladera de la montaña, y la Kehlsteinhaus construida posteriormente en la cima, a la que los norteamericanos denominaron «el Nido del Águila».

Al final del informe sobre su viaje por Alemania, que en esa época no se publicó en ningún periódico y al que solo se pudo acceder tras su fallecimiento, Kennedy habla del «misterio» de Hitler. El extracto con el que terminan sus notas en el texto original en inglés es el siguiente:

> «...within a few years Hitler will emerge from the hatred that surrounds him now as one of the most significant figures who ever lived. He had boundless ambition for his country which rendered him a menace to the peace of the world, but he had a mystery about him in the way that he lived and in the manner of his death that will live

> and grow after him. He had in him the stuff of which legends are made» («...en unos años, Hitler emergerá del odio que lo rodea ahora como una de las figuras más importantes que haya vivido jamás. Tenía una ambición sin límites para su país, lo que lo convirtió en una amenaza para la paz mundial, pero lo rodeaba el misterio por la forma en la que vivió y la manera en la que murió que persistirá y seguirá creciendo con el tiempo. Tenía en su interior el material con el que se crean las leyendas»).

La última frase recuerda vagamente a los famosos versos de *La tempestad* de Shakespeare: «We are such stuff / as dreams are made on». Y más aún porque las palabras de Próspero se transforman en una metáfora sobre la muerte: «and our little life / is rounded with a sleep» («Estamos tejidos de idéntica tela que los sueños y nuestra corta vida se cierra con un sueño»[7]).

El texto de Kennedy surge bajo la influencia del lugar mencionado: en la residencia del Führer, frente a una naturaleza sublime, se siente un encanto siniestro. Los textos del futuro presidente muestran un fenómeno que más adelante Susan Sontag denominó como «Fascinating Fascism» (1974): una atracción estética que el fascismo llega a ejercer incluso en personas que no son políticamente afines al nazismo.

A Berchtesgaden, el enclave, la residencia y los alrededores, Kennedy los califica en tres ocasiones como «bonito», al «Nido de Águila» de Hitler lo describe como «conocido» y «sabiamente camuflado». En general, Kennedy describe sus

7. Pertenecen al acto cuarto de *La tempestad* de William Shakespeare, traducción de Luis Astrana Marín, Alianza, Madrid, 2016. (N. de la T.)

impresiones sobre la Alemania ocupada con bastantes atributos positivos: desde el avión ve un país «pacífico»; el Kleine Wansee es «bonito» y «maravilloso», una villa está «bien decorada», el abastecimiento durante los ataques aéreos estuvo «en general bien organizado», la producción de submarinos es «enorme», la construcción de un astillero es «muy inteligente», un búnker es «una obra maestra», considera que los navíos alemanes son «superiores», «mejores», «más seguros» y «más baratos»; señala que los alemanes tienen «pasión por la precisión» y que son «buenos trabajadores»; también le parece que algunas mujeres son «muy atractivas».

El término *significant* que Kennedy emplea para definir el «significado» histórico de Hitler carece de valor moral. Es ambivalente e interpretable. Pero la idea de que Hitler «emergerá del odio» actual en algunos años y su figura volverá a ser evaluada es errónea o, al menos, ambigua. El conector «pero» hace que ese supuesto «misterio» contraste con la auténtica culpa por la guerra y amenaza con encubrirla.

Los crímenes alemanes se mencionan una única vez en los textos de Kennedy: cuando la mujer a la que entrevista menciona los «campos de concentración». No obstante, cuando se habla de Adolf Hitler, estos no tienen ninguna importancia, o solo se alude brevemente a ellos. El texto de Kennedy es un testimonio de la compleja exposición a una fascinación oscura. Termina, tanto para el autor como para sus lectores, con un enigma.

1963 – Regreso

De vuelta en Boston, Kennedy pronuncia su primer discurso político el 11 de septiembre de 1945 ante la asociación de veteranos American Legion (este será retransmitido ese mismo día por radio). Se refiere a Inglaterra, Irlanda y Alemania como «vencedora, neutral y vencida» y empleando sus escritos de su viaje del verano anterior relata sus impresiones con una mirada hacia el futuro:

> «Ahora Berlín son ruinas quemadas. Su destrucción es mayor de lo que había imaginado. Los edificios que aún quedan en pie no son más que débiles esqueletos y el lugar donde viven los tres millones de personas que han quedado en Berlín es un misterio. Las calles están repletas de personas con los rostros lívidos, los labios pálidos, con una expresión sin vida, muerta, como si hubieran sufrido una conmoción. A veces se ve algún perro, lo que parece inoportuno. No sobrevivirán al invierno. Las calles están llenas de soldados rusos que parecen jóvenes, arrogantes, duros, rabiosos y sucios. [...] El problema de abastecimiento es mayor en Berlín que en cualquier otra parte de Alemania. La ración media consiste en mil doscientas calorías, que es menos de lo necesario para una vida sana. La ciudad de Berlín está gestionada como una unidad y todos los ciudadanos, de todos los sectores, reciben las mismas raciones. El motivo de esto es evidente. Si, por ejemplo, Estados Unidos alimentase mejor a sus 700 000 habitantes que Rusia a los suyos, los berlineses hambrientos entrarían en masa en el sector norteamericano. Por eso en Berlín se trata a todos por igual. Los rusos no solo se llevaron a Rusia todos los suministros y maquinaría que pudieron transportar, sino que también deportaron como trabajadores útiles a casi todos los alemanes entre quince y sesenta años. [...] A los rusos les

> queda mucho por hacer antes de recibir el apoyo del pueblo alemán. El ejército ruso, que fue el primero en entrar en Berlín, fue una fuerza muy combativa y actuó con gran crueldad. Muchos alemanes que podrían haber sido simpatizantes comunistas se quedaron aterrorizados».

Gracias a su experiencia a lo largo de sus viajes, el orador puede llegar a diferenciar las distintas regiones de país, pero su visión es igualmente pesimista:

> «En las ciudades occidentales como Bremen, Frankfurt y Salzburgo la gente había vivido muy bien hasta ahora. Tenía reservas de alimentos suficientes como para compensar las escasas raciones, pero para el invierno esas reservas se habrán agotado y se verán reducidas a lo imprescindible. No quedará carbón y muchas casas están destruidas. Este invierno los alemanes pagarán caro haber seguido a Hitler».

A partir de sus observaciones, Kennedy reflexiona sobre la posguerra:

> «¿Cuál es el futuro de Alemania? Muchas personas creen que Alemania debería dividirse en principados o en zonas de control, como ocurre en la actualidad. La objeción ante esa solución es que, como ya entendió Bismarck, Alemania conforma una unidad geográfica y económica. [...] Otros dicen que deberíamos dejar que los alemanes se cuiden ellos solos, que están muy debilitados como para volver a ser peligrosos para nosotros. Sin embargo, Alemania no está en condiciones de construir

> un gobierno democrático ahora mismo y no creo que sea especialmente deseable para los Estados Unidos que en Alemania se cree un vacío político que los rusos estarían encantados de llenar. Yo pienso que, durante un tiempo indefinido, deberíamos mantener cierto control en Alemania. El pueblo alemán nunca olvidará ni perdonará esta derrota. No lo hicieron los franceses después de 1870 y, sean nazis o enemigos de ellos, no hay motivo para pensar que los alemanes lo harán tras su derrota en 1945. Debemos vigilar, especialmente, sus experimentos científicos, pues la ciencia revela muy rápido los secretos para la aniquilación».

Cuando, en el verano de 1963, visitó por última vez el país como jefe de Estado, estas reflexiones del año 1945 suponen un trasfondo silencioso. En Alemania, el recuerdo colectivo del presidente estadounidense asesinado sigue unido a esta última visita del año 1963 y a la tan citada frase de su discurso, que se entendió como un compromiso patético con la libertad y la seguridad de Berlín Oeste: «Ish bin ein Bearleener[8]». ¿Acaso esta frase, esta identificación, habría sido posible sin las experiencias de 1945, 1937 y 1939?

Kennedy conocía Alemania relativamente bien. Sus viajes incluyeron conocimientos turísticos y culturales, estudios políticos y estratégicos, e investigaciones económicas y sociales. Durante su estancia desarrolló empatía hacia los

8. «Ish bin ein Bearleener» sería la transcripción fonética que utilizó John F. Kennedy para pronunciar la famosa frase «Ich bin ein Berliner» («Yo soy berlinés») que empleó durante su discurso del 26 de junio de 1963 en Berlín. (N. de la T.)

alemanes. Los conoció como sus anfitriones de vacaciones (y en parte también los «amó»), vio a las personas entre los escombros, y en su confrontación con Adolf Hitler intentó también comprenderlos en su parcialidad.

Sin embargo, en sus numerosos discursos durante su visita de Estado en junio de 1963, Kennedy no menciona ni una sola vez que hubiera estado en la Alemania nazi. Y eso es así a pesar de que visita las mismas ciudades de Colonia, Frankfurt y Berlín e incluso el mismo edificio, de nuevo: la catedral de Colonia; y a pesar también de que sus anfitriones hacen comentarios a los que él podría responder, como cuando el alcalde de Frankfurt, en su saludo, menciona que otros presidentes habían estado en la ciudad antes de su mandato y, aunque fuera obvio, destacó la democratización del país en comparación con 1937 o su nuevo estado pacífico en comparación con 1939.

En unas declaraciones en la Römerberg de Frankfurt, Kennedy alude sin entrar en detalles a una estancia en la ciudad durante el año 1948 (como congresista durante la época del bloqueo a Berlín). Tan solo en un brindis en honor a Willy Brandt, el alcalde de Berlín Oeste, llega a hablar de su viaje durante el verano de 1945: «La última vez que estuve en Berlín fue en julio de 1945 y vi una ciudad en ruinas. Cuando veo ahora estos edificios brillantes y relucientes y, aún más importante, esos rostros brillantes y resplandecientes, entonces deduzco que estos pasados dieciocho años no han sido nada fáciles».

Mientras está de pie con Brandt ante la Puerta de Brandemburgo, Kennedy le confiesa que estuvo en Berlín antes de la guerra, justo al otro lado, en el Hotel Adlon. Sin embargo, en sus discursos públicos, se alude a sus tres viajes previos de manera muy indirecta. De esta manera, ante el ayuntamiento de Schöneberg, el presidente invita a los representantes de un nuevo aislacionismo a viajar a Berlín porque la experiencia en ese lugar cambiará su postura y determinará su relación con la dictadura: «Let them come to Berlin». Al repetir esas palabras a lo largo del discurso, crea una figura retórica, una epífora de cuatro partes, que refuerza su mensaje: «Let them come to Berlin». Cada una de las partes de esta figura representaría cada uno de los viajes que impulsaron su desarrollo propio: «Let them come to Berlin». Y para el elemento final, el orador cambia a un idioma extranjero para él, como si con las frases anteriores se hubiera referido a sí mismo: «Lasst sie nach Berlin kommen» (o, mejor dicho, «Lust z nach Berlin kommen», para citar la nota en la que Kennedy apuntó la pronunciación alemana).

Quien no comprenda las diferencias entre «el mundo libre» y el comunismo, dice aquí Kennedy, quien crea que el comunismo supone progreso económico y quien piense que el comunismo es el futuro, debe venir a Berlín, lo que es enfrentarse a ese muro de agresividad, de violencia y de fracaso de ese sistema. Y frente a la mayor multitud que jamás le había alabado, el presidente se atreve incluso a afirmar que lo mismo se aplica a quien cree que, en general, es posible colaborar con el comunismo. El hijo del representante del *appeasement* se ha convertido en un guerrero frío. Y en el país que provocó ese cambio en él es donde con más energía proclama su programa contra el totalitarismo.

El invitado estatal hizo otra alusión a sus viajes previos. En una recepción con el ministro-presidente de Hesse, Georg August Zinn, en el Kurhaus de Wiesbaden (el 25 de junio de 1963), Kennedy dijo: «Cuando me marche de la Casa Blanca, cuando quiera que eso ocurra, dejaré un sobre en la mesa a mi sucesor en el que ponga “Abrir solo en momentos muy tristes”. Este contendrá tan solo las palabras “¡Ve a Alemania!”».

Al día siguiente, cuando abandona Alemania y se despide del canciller Adenauer en el aeropuerto Berlín-Tegel, Kennedy recupera esa idea («Go to Germany!»). Extiende sus «momentos más tristes» («saddest moments») a un «momento de desánimo» («a time of some discouragement») que podría acabar con una visita a Alemania. Termina este consejo con una frase sobre sí mismo, como si quisiera recordar las experiencias de sus viajes anteriores: «Ayer dije que a mi sucesor le dejaría un sobre con las palabras “Abrir en momentos de desánimo” y que dentro habría solo tres palabras: “¡Ve a Alemania!”; Quizá algún día abra yo mismo este sobre».

JOHN F. KENNEDY CON SU PADRE JOSEPH P. KENNEDY, EL EMBAJADOR DE ESTADOS UNIDOS EN GRAN BRETAÑA.

JOHN F. KENNEDY CON UN EJEMPLAR DE SU LIBRO *WHY ENGLAND SLEPT* (1940).

JOHN F. KENNEDY (EL TERCERO A LA IZQUIERDA) VISITA BERLÍN CON EL SECRETARIO DE LA MARINA DE ESTADOS UNIDOS, JAMES FORRESTAL (IZQUIERDA), A FINALES DE JULIO DE 1945.

JAMES FORRESTAL (EL CUARTO A LA IZQUIERDA) VISITA LAS RUINAS DE LA NUEVA CANCILLERÍA. TRAS ÉL (EL SEGUNDO A LA DERECHA) SE RECONOCE A JOHN F. KENNEDY.

ENCUENTRO EN EL AEROPUERTO DE FRANKFURT ENTRE MAXWELL TAYLOR, DWIGHT D. EISENHOWER Y JAMES FORRESTAL; EN EL FONDO ESTÁN JOHN F. KENNEDY Y SEYMOUR ST. JOHN, EL HIJO DEL DIRECTOR DE SU INTERNADO, LA CHOATE SCHOOL.

NOTA DE LA EDICIÓN

Esta es la primera vez que se publica en castellano el diario europeo del verano de 1937 de John F. Kennedy, junto con el diario de su amigo Kirk LeMoyne «Lem» Billings. Ambos documentaron, desde principios de julio hasta mediados de septiembre, sus observaciones de la travesía que hicieron desde Estados Unidos a Europa, visitando ciudades y pueblos de Francia, Italia, Austria, Alemania, Países Bajos, Bélgica e Inglaterra.

Ambos manuscritos se encuentran en la Biblioteca Presidencial de John F. Kennedy, en Boston. Kennedy escribió sus entradas a diario, y fechadas, en unos noventa páginas en un cuaderno con el título impreso «My Trip Abroad» («Mi viaje por el extranjero»). Billings empleó un álbum sin formato delimitado en el que después de cada hoja de papel se inserta una funda transparente con fotos, postales y otros recuerdos del viaje a los que añade una descripción al pie. La última de las noventa páginas de este diario o álbum de viaje contiene las dos siluetas en papel que los amigos se hicieron durante la Exposición Universal de París.

La primera edición de este libro fue publicada en alemán. Lidia Pelayo Alonso tradujo los diarios de John F. Kennedy y Lem Billings de los originales en inglés y tradujo del alemán el epílogo de Oliver Lubrich, la bibiliografía, las notas de las fotografías y los comentarios sobre la edición.

Tan solo un extracto ilegible y, por lo tanto, intraducible del texto se ha marcado y omitido: se trata de la última frase del diario de Kennedy, en la entrada del día 1 de septiembre de 1937. Por lo demás, el texto de ambos diarios se ha reproducido en su totalidad. Tan solo se han omitido algunas secciones: en el caso de Kennedy, el itinerario del viaje y el listado de alojamientos y sus precios; y en el caso de Billings, los pies de foto de las postales que había pegadas entre las páginas del diario.

COPIA LEGAL

Las traducciones se basan en las transcripciones de los textos manuscritos llevadas a cabo por el editor de la publicación original en alemán. Los textos originales en inglés fueron publicados en una edición separada.

Para mantener el carácter espontáneo de las entradas de diario, en la copia legal no se corrigieron las irregularidades ni las faltas de ortografía; tampoco se marcaron, prescindiendo del empleo de «[sic!]». Dentro del propio texto original tan solo se han introducido las correcciones que pueden incluirse entre corchetes y que, por lo tanto, resultan comprensibles al leerlas. Para algunos pasajes que no se pueden descifrar con exactitud se ha propuesto una lectura y se han añadido en un anexo como conjeturas.

Con el objetivo de minimizar la edición de los textos históricos, no se han corregido los datos, aunque, con los conocimientos actuales, se sabe que contienen errores, inexactitudes o ambigüedades. En general, la información que Kennedy y Billings escribieron in situ y que no ha sido editada posteriormente no debe leerse con una mirada crítica (por ejemplo, los datos contradictorios y erróneos que los dos autores escriben de las iglesias romanas y los misterios sagrados del 11 de agosto de 1937). El valor histórico de los testimonios reside en su estado inalterado que corresponde al conocimiento limitado de 1937. El epílogo posterior proporciona una explicación coherente para todo ello.

COMENTARIO SOBRE LA TRADUCCIÓN

De Lidia Pelayo Alonso

La presente edición en castellano se ha traducido desde el inglés y también desde el alemán. Esto se debe a que los diarios del viaje por Europa de John F. Kennedy y Lem Billings se publicaron por primera vez en edición alemana acompañados del prólogo de Oliver Lubrich. Por ello, los diarios de John F. Kennedy y Lem Billings se han traducido empleando los textos originales en inglés, y el prólogo de Oliver Lubrich, las notas de las fotografías, la bibliografía, la cronología y las notas biográficas se han traducido a partir de la edición publicada en alemán.

La característica más importante de los diarios de John F. Kennedy y Lem Billings es que originalmente no se escribieron para ser leídos por otras personas. Así, se trata de unos diarios íntimos que los autores escribieron a modo de reflexión propia y recuerdo de su viaje. Esto implica, principalmente, una falta de contexto para los lectores modernos, pues los autores no incluyeron detalles ni explicaciones en sus narraciones. Por otro lado, hay que tener en cuenta que los autores escribieron estos diarios con 20 y 21 años, y esa juventud se refleja tanto en el contenido de sus textos como en la redacción.

Para la traducción de los diarios se han aplicado algunos cambios en cuestión de formato, como, por ejemplo, la unificación de la escritura de las horas y la sustitución de los símbolos «+» por la conjunción «y». Las fechas y los días de la semana se han completado y corregido cuando ha sido necesario (por ejemplo, Kennedy escribió dos veces el 29 de agosto de 1937, lo que hizo que los días de la semana de los días posteriores también estuvieran, erróneamente, retrasados). No obstante, sí se han mantenido las discrepancias en la escritura de los nombres propios, como «Ann» y «Anne», «Reed» y «Reid» o «Pourtales» y «Pourtalis». Los errores ortográficos y de puntuación de los textos originales se han corregido y, en algunos casos, se ha modificado la puntuación para que el texto resultara más comprensible. Los errores subsanados del original, así como algunas conjeturas, se han incluido en listas de correcciones. Así, se tiene en consideración el estatus histórico de los documentos y se sigue apreciando el nivel de conocimiento que tenían entonces sus autores.

NOTA SOBRE LA OBRA

El diario original se encuentra en la Biblioteca y Museo Presidencial de John F. Kennedy de Boston. La sección sobre la Alemania nazi apareció en *Travels in the Reich, 1933-1945. Foreign Authors Report from Germany* editado por Oliver Lubrich en 2010 para University of Chicago Press (pp. 159-161). La traducción al alemán de Carina Tessari se publicó por primera vez en *Unter Deutschen. Reisetagebücher und Briefe, 1937-1945* (2013) de John F. Kennedy, editado por Oliver Lubrich, en 2013 para la editorial Aufbau (pp. 59-127). Esta se ha revisado para su uso en la presente edición. Se han seleccionado algunas fotografías que documentan el viaje de Kennedy y Billings por Europa y Alemania del año 1937 así como otros viajes de los años 1939 y 1945.

CORRECCIONES Y CONJETURAS

Los diarios contienen los siguientes errores que se han enmendado durante la transcripción y, en los casos necesarios, durante la traducción, así como detalles confusos para los que se ha encontrado una solución aproximada o conjeturas. A continuación se muestran siguiendo el orden de su primera aparición en los diarios.

CORRECCIONES DEL DIARIO DE KENNEDY

- Rheims — Reims
- Chateau — Château
- tres — très
- Orleans — Orléans
- Americain — American/Américain
- Chenonceaux — Chenonceau
- Angouleme — Angoulême
- Meditteranean — Mediterranean
- Irun — Irún
- Abbysina — Abyssinia
- Colloseum — Colosseum
- musuem — museum
- Germish — Garmisch
- Uberammagau — Oberammergau
- propagander — propaganda
- developement — development

- Urtrecht — Utrecht
- tomatoe — tomato

CONJETURAS DEL DIARIO DE KENNEDY

- Ben Welles, Robert, brother, Crimson, Burnham, etc. (1-7 de julio)
- The waiter + his sugar serving machines quite a problem (1-7 de julio)
- the minister to Haiti (26 de julio)
- St. Luke (11 de agosto)
- Harrisson (15 de agosto)
- Joe & Scotie Schriber & Freddie Cosgrove (25 de agosto)
- a very good idea (26 de agosto)
- Indre Gardiner (26 de agosto)
- blood count with [?] is 4000 (29 de agosto)
- Sans the usual flood in the room (1 de septiembre)

CORRECCIONES DEL DIARIO DE BILLINGS

- Rheims — Reims
- medecine — medicine
- Fort de la Pompernelle — Fort de la Pompelle
- embaressment — embarrassment
- Ambassitor, Ambassidor — Ambassador
- concious — conscious
- Orleans — Orléans
- scinilatting — scintillating
- Toreodors — Toreadores
- barbarious — barbarous
- arrouse — arouse

- ressembles — resembles
- appartment — apartment
- neices — nieces
- Spaggetti — Spaghetti
- Germish — Garmisch
- Oberammagau — Oberammergau
- Hofbrau — Hofbräu
- Deutches Museum — Deutsches Museum
- Wurtenberg — Württemberg
- quickley — quickly
- Koln — Köln
- Charings Cross — Charing Cross
- South Hampton — Southamptom
- Selridges — Selfridges
- heathes — heaths
- Edinbourgh — Edinburgh
- motly — motley

CONJETURAS DEL DIARIO DE BILLINGS

- Suekie (30 de junio – 7 de julio)
- Crimmius (30 de junio – 7 de julio)
- Mme. Lebrun (13 de julio)
- Maine (15 de julio)
- where Marie Antoinette was imprisoned (16 de julio)
- they are rather static [stagnant?] (15 de agosto)
- Doris the maid (28 de agosto)
  he had a secture [section?] (10 de septiembre)

FUENTES

John F. Kennedy, *European Diary,* julio–septiembre de 1937, Biblioteca y Museo presidencial de John F. Kennedy, Boston, Documentos personales, caja 1, serie 2, primeros años; carpeta: *Diary European Trip, 7/1/37-9/3/37.*

Kirk LeMoyne Billings, *Travel Diary and Scrapbook,* julio-septiembre de 1937, Biblioteca y Museo presidencial de John F. Kennedy, Boston, Documentos personales de Kirk LeMoyne «Lem» Billings.

BIBLIOGRAFÍA

Fuentes primarias

1. John F. Kennedy

Kirk LeMoyne Billings, *Scrapbook*, julio-septiembre de 1937.

– Oral History (1964-1966), Biblioteca y Museo presidencial de John F. Kennedy, Boston.

– «Pre-Presidential» (artículo sobre una conversación con LeMoyne Billings). *The New Yorker*, 1 de abril de 1961, pp. 26-27.

– *The Billings Collection*, editado por Nan Richardson, Fundación de la Biblioteca de John F. Kennedy, Boston, 1991.

Charles E. Bohlen, *Witness to History 1929-1969*, Londres, Weidenfeld & Nicolson, 1973, p. 476.

Willy Brandt, *Begegnungen mit Kennedy*, Múnich, Kindler, 1964, pp. 26-27, pp. 176-215.

For the President: Personal and Secret. Correspondence Between Franklin D. Roosevelt and William C. Bullitt, editado por Orville H. Bullitt, con introducción de George F. Kennan, Boston, Houghton Mifflin, 1972, pp. 273-274.

Marlene Dietrich, *Nehmt nur mein Leben ... Reflexionen*, Múnich, Wilhelm Goldmann, 1981, pp. 124-125.

The Forrestal Diaries, editado por Walter Millis con E. S. Duffield, Nueva York, Viking, 1951, pp. 76-82, pp. 88-89; en la reproducción de la imagen de la cuarta página antes del prólogo se reconoce a John F. Kennedy: «The Secretary of the Navy on his visit to Berlin, late July 1945».

Robert Harris, *Patria* (1992), Barcelona, Debolsillo, 2004, traducción de Rafael Marín Trechera.

George F. Kennan, *Memoirs 1925-1950*, Boston/Toronto, Little, Brown & Co. 1967, pp. 91-92.

John F. Kennedy, *European Diary*, julio-septiembre 1937, Biblioteca y Museo presidencial de John F. Kennedy, Boston, Documentos personales, caja 1, serie 2, primeros años; carpeta: *Diary European Trip*, julio-septiembre de 1937.

— «The Germans Really Are Too Good» (Alemania en el «European Diary» de 1937) en Travels in the Reich, 1933-1945. Foreign Authors Report from Germany, editado por Oliver Lubrich, Chicago, University of Chicago Press, 2010, pp. 159-161.

— Carta a Joseph P. Kennedy, Viena (agosto de 1939), Biblioteca y Museo presidencial de John F. Kennedy, Boston, Documentos personales, caja 1, correspondencia 1936-1940.

— Cartas a Kirk LeMoyne Billings, Varsovia, mayo de 1939; Londres, 17 de julio de 1939; Berlín, 20 de agosto de 1939; Massachusetts Historical Society, Boston, *Nigel Hamilton Papers*. Titular jurídico: Robert Kennedy Jr.

— *Why England Slept*, Nueva York, Wilfred Funk, 1940.

— *As We Remember Joe*, editado por John F. Kennedy, Cambridge (EE. UU.) University Press (copia privada), 1945, p. 56: «Joe, Kathleen and Jack Going to Parliament, London, 1939».

— *Prelude to Leadership. The European Diary of John F. Kennedy. Summer 1945*, editado por Deirdre Henderson, con introducción de Hugh Sidey, Washington, Regnery, 1995.

— «Remarks of John F. Kennedy at the Crosscup-Pishon American Legion Post, Boston, Massachusetts, November 11, 1945» (11 de septiembre de 1945), Biblioteca presidencial de John F. Kennedy: http://www.jfklibrary.org/

— *Profiles in Courage* (1955), con introducción de Caroline Kennedy y prólogo de Robert F. Kennedy, Nueva York, Harper Perennial, 2006.

— «*Let the Word Go Forth*». *The Speeches, Statements, and Writings of John F. Kennedy*, 1947-1963, editado por Theodore C. Sorensen, Nueva York, Laurel, 1991, pp. 320-328.

— *The Letters of John F. Kennedy*, editado por Martin W. Sandler, Londres, Bloomsbury Press, 2013, pp. 3-4.

— *President John F. Kennedy in Germany/Präsident John F. Kennedy in Deutschland*, editado por O. M. Artus, traducción de Hermann Kusterer y Heinz Weber, Düsseldorf, Richard Bärenfeld, 1965.

— *The Burden and the Glory*, editado por Allan Nevins, Nueva York, Harper & Row, 1964, pp. 113-127.

— «Reden in und über Deutschland» en *Glanz und Bürde. Die Hoffnungen und Zielsetzungen des zweiten und dritten Jahres der Präsidentschaft Kennedys, dargetan in seinen Botschaften und Reden, mit dem vollen Text aller öffentlichen Äußerungen während seiner DeutschlandReise 1963*, editado por Allan Nevins, traducción de Hans Lamm (con el empleo parcial de las traducciones del U. S. Information Service, Bad Godesberg), Düsseldorf/Viena, Econ, 1964, pp. 165-226.

— *Listeninig In. The Secret White House Recordings of John F. Kennedy*, editado por Ted Widmer, Nueva York, Hyperion, 2012, p. 46 («Dictabelt Recording, circa 1960»).

— Documentos sonoros en la «White House Audio Collection» de la Biblioteca presidencial de John F. Kennedy, Boston: http://www.jfklibrary.org/.

— 23 documentos sonoros del viaje a Alemania de 1963.

— 2 documentos sonoros del viaje a Viena de 1961.

— Documentos personales, Biblioteca y Museo presidencial de John F. Kennedy, Boston. En concreto:

— «Correspondence 1933-1950: Family».

— «Harvard Notebooks: Topic 2, Fascism [extracto]».

— «Appeasement at Munich, honors thesis, 15 March 1940».

— «Hearst Newspaper, International news service, 1945: 25 April-28 July».

— «Requests for radio speech, 11 September 1945».

— «European trip correspondence, 1948».

— «European trip, 1951: Correspondence and news releases».

— Pre-Presidential Papers, Biblioteca y Museo presidencial de John F. Kennedy, Boston.

— Documentos personales de Kirk LeMoyne Billings (1934-1939), Biblioteca y Museo presidencial de John F. Kennedy, Boston.

Joseph P. Kennedy, *Hostage to Fortune. The Letters of Joseph P. Kennedy*, editado por Amanda Smith, Nueva York, Viking, 2001, p. 213, pp. 338-341, pp. 342-343, pp. 355-356, p. 621.

Joseph P. Kennedy Jr., «Cartas de su viaje por Europa en el verano de 1939», en *Hostage to Fortune. The Letters of Joseph P. Kennedy*, editado por Amanda Smith, Nueva York, Viking, 2001, pp. 338-341, p. 341, pp. 342-343, pp. 355-356, pp. 362-363, p. 617.

Rose Fitzgerald Kennedy, *Times to Remember* (1974), Nueva York, Doubleday, 1995, p. 187, p. 208, pp. 217-218, p. 261, pp. 373-374.

Arthur Krock, *Memoirs: Intimate Recollections of Twelve American Presidents from Theodore Roosevelt to Richard Nixon*, Londres, Cassell, 1970, pp. 350-351.

Charles A. Lindbergh, *The Wartime Journals of Charles A. Lindbergh*, San Diego/Nueva York/Londres, Harcourt Brace Jovanovich, 1970, pp. 71-73, pp. 78-80, p. 145, p. 156, p. 159-160, especialmente p. 174 (6 de abril de 1939).

Anne Morrow Lindbergh, *The Flower and the Nettle. Diaries and Letters, 1936-1939* (1976), San Diego/Nueva York/Londres, Harvest, 1994, pp. 259-262, pp. 407-411, pp. 502-503, pp. 526-529, entre otras, especialmente pp. 572-573 (6 de abril de 1939).

Torbert Macdonald, *Oral History Interview*, Biblioteca y Museo presidencial de John F. Kennedy, Boston, 1968.

Francine Mathews, *Jack 1939. A Novel*, Nueva York, Riverhead, 2012.

Irena Wiley, *Around the Globe in Twenty Years*, Nueva York, David McKay, 1962, p. 94 e imagen.

En los archivos estatales de Berlín no se ha podido encontrar ningún documento acerca de los viajes de 1937 y 1939 de John F. Kennedy, en los documentos de las siguientes instituciones: Oficina Central de Seguridad del Reich, Ministerio del Interior del Reich, Ministerio del Reich para la Ilustración Pública y Propaganda, Ministerio Federal de Asuntos Exteriores, Organización para el Extranjero del NSDAP, Oficina de Asuntos Exteriores del NSDAP, Secretaría Personal del Führer y canciller del Reich, Cancillería del Reich.

2. Otros testimonios

Samuel Beckett, *German Diaries*, Beckett International Foundation / Reading University Library.

Karen Blixen, «Breve fra et Land i Krig», *Heretica*, 1:4 (1948), pp. 264-287, 1:5 (1948), pp. 332-355.

Raymond Leslie Buell, Poland: *Key to Europe*, Nueva York, Knopf, 1939.

Martha Dodd, *My Years in Germany*, Londres, Victor Gollancz, 1939.

– *Through Embassy Eyes*, Nueva York, Harcourt, Brace & Co., 1939.

William Edward Dodd, *Ambassador Dodd's Diary, 1933-1938*, editado por William E. Dodd Jr. y Martha Dodd, Londres, Victor Gollancz, 1941.

W. E. B. DuBois, «Forum of Fact and Opinion», *Pittsburgh Courier*, 19 de septiembre de 1936 hasta el 9 de enero de 1937.

Max Frisch, Kleines Tagebuch einer deutschen Reise, *Neue Zürcher Zeitung*, 30 de abril de 1935, 7 de mayo de 1935, 20 de mayo de 1935, 13 de junio de 1935.

Jean Genet, *Journal du voleur*, París, Gallimard, 1949, pp. 138-139.

John Gunther, *Inside Europe*, Londres, Hamish Hamilton, 1936.

Heinrich Hauser, *Battle Against Time. A Survey of the Germany of 1939 from the Inside*, Nueva York, Charles Scribner's Sons, 1939.

Pierre J. Huss, *The Foe We Face*, Garden City, Doubleday, Doran & Co., 1942.

– *Heil! And Farewell*, Londres, Herbert Jenkins, 1943.

Charles A. Lindbergh, *Autobiography of Values* (1976), San Diego/Nueva York/Londres, Harvest, 1992, pp. 169-170.

Anne Morrow Lindbergh, *War Within and Without. Diaries and Letters, 1939-1944* (1980), San Diego/Nueva York/Londres, Harvest, 1995, pp. 152-153.

Reisen ins Reich, 1933 bis 1945. Ausländische Autoren berichten aus Deutschland, editado por Oliver Lubrich, Frankfurt, Die Andere Bibliothek, 2004.

Berichte aus der Abwurfzone. Ausländer erleben den Bombenkrieg in Deutschland, 1939 bis 1945, editado por Oliver Lubrich, Frankfurt, Die Andere Bibliothek, 2007.

Ignatius Phayre, Hitler's Mountain Home. A Visit to "Haus Wachenfeld" in the Bavarian Alps, *Homes & Gardens*, noviembre de 1938, pp. 193-195.

William L. Shirer, *Berlin Diary. The Journal of a Foreign Correspondent, 1934-1941*, Nueva York, Knopf, 1941.

Berlin Alert. The Memoirs and Reports of Truman Smith, editado por Robert Hessen, Stanford, Hoover Institution Press, 1985, pp. 151-166.

James Stern, *The Hidden Damage* (1947), Londres, Chelsea Press, 1990.

Dorothy Thompson, «*I Saw Hitler!*», Nueva York, Farrar & Rinehart, 1932.

Kurt Vonnegut, *Matadero cinco: La cruzada de los niños* (1969), traducción de Miguel Temprano García, Barcelona, Blackie Books, 2021.

Thomas Wolfe, «I Have a Thing to Tell You (Nun will ich Ihnen was' sagen)», *New Republic*, 10 de marzo de 1937, pp. 132-136; 17 de marzo de 1937, pp. 159-164, 24 de marzo de 1937, pp. 202-207.

— *Eine Deutschlandreise in sechs Etappen. Literarische Zeitbilder 1926–1936*, editado por Oliver Lubrich, traducido por Renate Haen, Barbara von Treskow e Irma Wehrli, Múnich: Manesse, 2020.

Virginia Woolf, *The Diary of Virginia Woolf*, Tomo IV: 1931-1935, editado por Anne Olivier Bell con Andrew McNeillie, San Diego/Nueva York/Londres, Harcourt Brace & Co., 1982, pp. 310-312 (9 y 12 de mayo de 1935).

3. Películas

Patria (106 minutos), Reino Unido, 1994, dirigida por Christopher Menaul, con Rutger Hauer y Miranda Richardson.

Alemania, año cero (78 minutos), Italia, 1948, dirigida por Roberto Rossellini.

Innenansichten – Deutschland 1937 (52 minutos, documentación del rodaje de Julien Bryan), Alemania, 2012, dirigido por Michael Kloft.

JFK – Reckless Youth (183 minutos, 2 partes), EE. UU., 1993, dirigida por Harry Winer, con Patrick Dempsey y Terry Kinney.

Kennedy (282 minutos, 3 partes), EE. UU., 1983, dirigida por Jim Goddard, con Martin Sheen.

The Kennedys (345 minutos, 8 episodios), EE. UU., 2011, dirigida por Jon Cassar, con Greg Kinnear y Katie Holmes.

Kennedys Liebe zu Europa (52 minutos), Alemania, 2021, dirigida por Kai Christiansen.

Patrullero PT 109 (140 minutos), EE. UU., 1963, dirigida por Leslie Martinson, con Cliff Robertson.

Investigación

Michael A. Beschloss, *Kennedy and Roosevelt: The Uneasy Alliance*, Nueva York, Norton, 1980.

Gianni Bisiach, *John F. Kennedy (Il Presidente. La lunga storia di una breve vita, 1991)*, traducción de Matthias Rawert, Freiburg/Würzburg, Ploetz, 1992, pp. 45-46, pp. 52-54, pp. 65-66, pp. 292-293.

Joan y Clay Blair, *The Search for JFK*, Nueva York, Berkley/G. P. Putnam's Sons, 1976, pp. 56-58, pp. 58-67, pp. 371-388.

Benjamin C. Bradlee, *Conversations With Kennedy*, Nueva York, Pocket Books, 1976, p. 87.

Douglas Brinkley y Richard T. *Griffiths* (editor), *John F. Kennedy and Europe*, Baton Rouge, Louisiana State University Press, 1999.

David Burner, *John F. Kennedy and a New Generation*, Boston, Little, Brown & Co., 1988, pp. 16-17, pp. 74-80.

James MacGregor Burns, *John Kennedy. A Political Profile,* Nueva York, Harcourt, Brace & World, 1961, pp. 32-33 (fuentes: p. 286), pp. 37-39 (fuentes: p. 287), pp. 55-56 (fuentes: p. 287).

Peter Collier y David Horowitz, *The Kennedys. An American Drama*, Nueva York, Summit, 1984, pp. 79-80 (notas: p. 471), pp. 98-100 (notas: p. 476), pp. 147-148 (notas: pp. 486-487). Publicado en español como *Los Kennedy, un drama americano,* Barcelona, Tusquets, 2011.

Ilene Cooper, *Jack. The Early Years of John F. Kennedy,* Nueva York, Dutton, 2003, pp. 109-117 (notas: p. 161) («Jack and Lem»).

Robin Croos, J. F. K.: *A Hidden Life*, Londres, Bloomsbury, 1992, pp. 22-23, p. 30, p. 44.

— *John F. Kennedy 1917-1963. Der Präsident des amerikanisches Traums*, traducción de Christian Quatmann, Múnich, Wilhelm Heyne, 1993, p. 25, pp. 26-27, p. 32, p. 46.

James Tracy Crown, *The Kennedy Literature: A Bibliographical Essay on John F. Kennedy*, Nueva York, New York University Press/Londres,

University of London Press, 1968.

Robert Dallek, *An Unfinished Life. John F. Kennedy*, 1917-1963, Boston, Little, Brown & Co., 2003, pp. 49-53 (notas: p. 723), pp. 54-59 (notas: p. 723), p. 114-117 (notas: pp. 731-732).

Andreas W. Daum, *Kennedy in Berlin. Politik, Kultur und Emotionen im Kalten Krieg*, Paderborn, Ferdinand Schöningh, 2003, sobre los viajes a Berlín de 1939 y 1945: pp. 113-114 (notas: p. 227).

John H. Davis, *The Kennedys. Dynasty and Disaster*, 1848-1983, Nueva York: McGraw-Hill, 1984. Pp. 117-118, pp. 118-119, p. 124, pp. 379-383.

Yann-Brice Dherbier y Pierre-Henri Verlhac, *John Fitzgerald Kennedy. Ein Leben in Bildern*, traducción de Olaf Roth y Petra Claussen, Berlín, Phaidon, 2003, p. 8, pp. 22-27.

Robert J. Donovan, *PT 109. John F. Kennedy in World War II* (1961), Nueva York, McGraw-Hill 2001.

Andreas Etges, *John F. Kennedy, Múnich*, dtv, 2003, pp. 16-17, pp. 24-25.
— editor, *John F. Kennedy*, Berlín, Deutsches Historisches Museum/Wolfratshausen, Minerva, 2003, pp. 32-34 (notas: p. 212).

James N. Giglio, *John F. Kennedy. A Bibliography*, Westport (EE. UU.)/ Londres, Greenwood, 1995.

Maryrose Grossman, *Jack and Lem's Excellent European Adventure, Summer 1937* en The JFK Library Archives: An Inside Look (Blog), 18 de octubre de 2017; accesible en línea.

Nigel Hamilton, *JFK – Reckless Youth*, Nueva York, Random House, 1992, pp. 177-199 (notas: p. 826), pp. 254-272 (notas: p. 830-832), pp. 716-722 (notas: p. 867), pp. 727-729 (notas: pp. 867-868).

— *The Influence of Europe on the Young JFK, New England Journal of Public Policy*, 9:1 (1993), pp. 5-17.

Seymour Hersh, *The Dark Side of Camelot* (1997), Londres, Harper-Collins, 1998, p. 393.

Andrew Hoberek (editor), *The Cambridge Companion to John F. Kennedy*, Cambridge, Cambridge University Press, 2015.

Michael J. Hogan, *The Afterlife of John Fitzgerald Kennedy. A Biography*, Cambridge, Cambridge University Press, 2017.

Dennis J. Hutchinson, *The Man Who Once Was Whizzer White. A Portrait of Justice Byron R. White*, Nueva York, Free Press, 1998, pp. 133-143 (notas: p. 485).

Howard S. Kaplan, *John F. Kennedy. A photographic story of a life*, Nueva York, DK, 2004, pp. 36-39, pp. 48-49, pp. 98-99.

Doris Kearns Goodwin, *The Fitzgeralds and the Kennedys*, Nueva York, Simon & Schuster, 1987, pp. 506-507 (notas: p. 864), pp. 582-589 (notas: p. 871-872), pp. 702-705 (notas: p. 881).

Frederick Kempe, *Berlin 1961. Kennedy, Khrushchev, and the Most Dangerous Place on Earth*, Nueva York, Berkley, 2011, pp. 498-502 (notas: p. 552). Publicado en español como *Berlín 1961: El lugar más peligroso del mundo*, Barcelona, Galaxia Gutenberg, 2012.

Charles Kenney, *John F. Kennedy. The Presidential Portfolio. History as told through the collection of the John F. Kennedy Library and Museum*, con introducción de Michael Beschloss, Nueva York, Public Affairs, 2000, pp. 13-18 (notas: p. 235).

David E. Koskoff, *Joseph P. Kennedy. A Life and Times, Englewood Cliffs* (EE. UU.), Prentice-Hall, 1974, pp. 376-378 (notas: pp. 591-592), pp. 404-405 (notas: p. 597).

Laurence Leamer, *The Kennedy Men. 1901-1963. The Laws of the Father, Nueva York, William Morrow*, 2001, pp. 131-132 (notas: p. 762), pp. 133-134 (notas: pp. 762-763), pp. 228-229 (notas: p. 772), pp. 283-284 (notas: p. 277), pp. 680-681 (notas: p. 822).

Barbara Leaming, *Jack Kennedy. The Education of a Statesman*, Nueva York/Londres, W. W. Norton, 2007, p. 35, pp. 63-94 (notas: pp. 449-452), pp. 164-181 (notas: pp. 459-461), pp. 195-199 (notas: p. 463), p. 433 (notas: p.489).

Bruce Lee, *JFK: Boyhood to White House (Boys' Life of John F. Kennedy, 1961)*, Nueva York, Crest, 1964, pp. 44-50, pp. 90-91.

John Fitzgerald Kennedy... As We Remember Him, edición a cargo de Goddard Lieberson con Joan Meyers e Ira Teichberg como Art Director, Nueva York, Atheneum, 1965, pp. 23-26, p. 28, p. 36, p. 46.

Peter J. Ling, *John F. Kennedy*, Londres/York, Routledge, 2013, p. 15, p. 16, p. 33.

Fredrik Logevall, *JFK. Coming of Age in the American Century, 1917-1956*, Nueva York, Random House, 2020, pp. 139-148 (notas: p. 673), pp. 216-222 (notas: p. 680), pp. 400-407 (notas: pp. 697-698).

Jacques Lowe, *JFK Remembered*, Nueva York, Random House, 1993.

Richard D. Mahoney, *Sons & Brothers. The Days of Jack and Bobby Kennedy*, Nueva York, Arcade, 1999, p. 6.

Thomas Maier, *The Kennedys. America's Emerald Kings*, Nueva York, Basic, 2003, pp. 130-132 (notas: pp. 610-611), pp: 197-201 (notas: pp. 613-614), pp. 298–299 (notas: pp. 618-621).

Chris Matthews, *Jack Kennedy. Elusive Hero*, Nueva York, Simon & Schuster, 2011, pp. 29-33 (notas: p. 415), pp. 34-39 (notas: pp. 415-416), pp. 69-74 (notas: pp. 419-420), pp. 381-384 (notas: p. 447).

Joe McCarthy, *The Remarkable Kennedys*, Nueva York, Popular Library, 1960.

David Michaelis, «Muckers. LeMoyne Billings/John F. Kennedy» en *The Best of Friends. Profiles of Extraordinary Friendships*, Nueva York, William Morrow, 1983, pp. 125-189.

— «The President's Best Friend», *American Heritage*, 34:4 (1983), pp. 12-27.

Charlotte Montague, *John F. Kennedy: The Life and Death of a US President*, Nueva York, Chartwell Books, 2017, pp. 25-39.

Andrew Nagorski, *Hitlerland. American Eyewitnesses to the Nazi Rise to Power*, Nueva York, Simon & Schuster, 2012, pp. 222-223 (notas: p. 355).

David Nasaw, *The Patriarch. The Remarkable Life and Turbulent Times of Joseph P. Kennedy*, Nueva York, Penguin Press, 2012, pp. 263-264 (notas: p. 807), pp. 377-379 (notas: p. 812), p. 619 (notas: p. 822).

Michael O'Brien, *John F. Kennedy. A Biography*, Nueva York, Thomas Dunne, 2005, pp. 87-102, pp. 180-188.

Herbert S. Parmet, Jack The Struggles of John F. Kennedy, Nueva York, Dial Press, 1980, pp. 50-54 (notas: p. 530), pp. 61-66 (notas: p. 531), pp. 131-134 (notas: p. 537).

Geoffrey Perret, *Jack. A Life Like No Other*, Nueva York, Random House, 2002, pp. 51-61 (notas: pp. 406-407), pp. 70-77 (notas: p. 408), pp. 129-133 (notas: p. 414), p. 156 (notas: p. 417), pp. 160-164 (notas: pp. 417-418), pp. 386-387 (notas: p. 442).

David Pitts, *Jack and Lem: John F. Kennedy and Lem Billings. The Untold Story of an Extraordinary Friendship* (2007), Nueva York, Da Capo, 2008, pp. 52-67 (notas: p. 329), pp. 68-75 (notas: pp. 329-330), pp. 105-113 (notas: pp. 330-331).

Alan Posener, *John F. Kennedy* (1991), Reinbek, Rowohlt, 2000, pp. 20-21, pp. 26-29 (notas: p. 140), p. 36, pp. 100-104 (notas: p. 145).

Harvey Rachlin, *The Kennedys. A Chronological History, 1823-Present*, Nueva York, World Almanac, 1986, p. 70, pp. 75-77, pp. 93-97.

Richard Reeves, *President Kennedy: Profile of Power*, Nueva York, Simon & Schuster, 1993, pp. 533-537 (notas: pp. 738-739).

Thomas C. Reeves, *A Question of Character. A Life of John F. Kennedy*, Londres, Arrow, 1992, pp. 46-47 (notas: p. 431), pp. 47-51 (notas: p. 431), pp. 74-76 (notas: p. 434), pp. 77-78 (notas: p. 434), p. 399 (notas: p. 488).

Edward J. Renehan, *The Kennedys at War*, 1937-1945, Nueva York, Doubleday, 2002, pp. 10-11 (notas: p. 322), pp. 81-107 (notas: pp. 326-327).

Robert von Rimscha, *Die Kennedys. Glanz und Tragik des amerikanischen Traums*, Frankfurt, Bastei Lübbe, 2001, pp. 97-93, pp. 118-121, pp. 183-186.

Georg Schild, *John F. Kennedy. Mensch und Mythos*, Göttingen/Zúrich, Muster-Schmidt, 1997, pp. 15-16.

Arthur M. Schlesinger, *A Thousand Days. John F. Kennedy in the White House* (1965), Nueva York, Mariner, 2002.

Gene Schoor, *Young John Kennedy*, Nueva York, Macfadden-Bartell, 1963, pp. 77-78, pp. 83-86, pp. 154-156.

Marc J. Selverstone, *A Companion to John F. Kennedy*, Hoboken, Wiley & Sons, 2014.

Susan Sontag, «Fascinating Fascism» (1974) en *Under the Sign of Saturn*, Nueva York, Anchor, 1991, pp. 71-105. Publicado en español como *Bajo el signo de Saturno*, traducción de Juan Utrilla Trej, Barcelona, Debolsillo, 2007.

Ted Sorensen, *Kennedy. The Classic Biography* (1965), Nueva York, Harper Perennial, 2009, pp. 600-601.

– *Counselor. A Life at the Edge of History*, Nueva York, Harper Perennial, 2009, pp. 323-325.

Will Swift, *The Kennedys Amidst the Gathering Storm. A Thousand Days in London 1938-1940*, Londres, JR, 2008, pp. 169-187 (notas: pp. 330–331).

Klaus A. Uellenberg, *John F. Kennedy in der amerikanischen Literatur*, Frankfurt y otros, Peter Lang, 2011.

Robert G. Waite, «"Ish bin ein Bearleener" – JFK's 26 June 1963 Visit to Berlin: The Views from East Germany», *Journal of Contemporary History*, 45:4 (2010), pp. 844-865.

Gerald Walker y Donald A. Allan, "Jack Kennedy at Harvard", Coronet, 50:1 (mayo de 1961), pp. 82-95.

Max Wallace, *The American Axis. Henry Ford, Charles Lindbergh, and the Rise of the Third Reich*, Nueva York, St. Martin's Press, 2003, p. 77 (notas: p. 424), pp. 249.

Ursula y Otto Weil, *John F. Kennedy. Der 35. Präsident der USA*, Berlín (RDA), Der Morgen, 1965, pp. 66-84, pp. 107-109, pp. 237-242.

Richard J. Whalen, *The Founding Father. The Story of Joseph P. Kennedy*, Nueva York, New American Library, 1964, pp. 260-269 (notas: pp. 510-511), p. 392.

Mark White, Apparent Perfection: The Image of John F. Kennedy, *History*, 98:2 (2013), pp. 226-246.

Chuck Wills, *Jack Kennedy. The Illustrated Life of a President*, San Francisco, Chronicle, 2009, pp. 23-29, pp. 30-37, pp. 62-63, pp. 146-148.

Garry Wills, *The Kennedy Imprisonment: A Meditation on Power* (1981), Boston/Nueva York, Mariner, 2002, p. 32.

Uwe Wittstock, Als John F. Kennedy mal Anhalter mitnahm, *Argonautenschiff*, 26 (2018), pp. 149-150.

Alfred Wright, A Modest All-America Who Sits on the Highest Bench (Byron White), *Sports Illustrated*, 10 de diciembre de 1962, pp. 85-98.

TABLA CRONOLÓGICA DE JOHN F. KENNEDY

29 de mayo de 1917	Nace en Brookline, Massachusetts
1931-1935	Choate School, Connecticut Amistad con Kirk LeMoyne Billings (1916-1981)
Verano de 1935	London School of Economics Regreso por motivos de salud
Otoño de 1935	Matrícula en Princeton Suspensión de matrícula por motivos de salud
1936-1940	Estudios en Harvard

1937 – VIAJE EUROPEO

1 al 7 de julio	Travesía en el S. S. Washington
7 de julio	Le Havre, Ruan, Beauvais
8 de julio	Soissons, Chemin des Dames, Reims
9 de julio	Reims, Fort de la Pompelle, Pomperney, Château-Thierry, París
10 al 17 de julio	París, Fontainebleau, Versalles
17 de julio	París, Versalles, Chartres, Orléans
18 de julio	Orléans, Chambord, Blois, Amboise
19 de julio	Amboise, Chenonceau, Tours, Poitiers, Angulema
20 de julio	Angulema, San Juan de Luz
21 al 26 de julio	San Juan de Luz, Biarritz, frontera española
27 de julio	San Juan de Luz, Lourdes, Toulouse
28 de julio	Toulouse
29 de julio	Toulouse, Carcassonne, Cannes

30 de julio	Cannes
31 de julio	Cannes, Niza, Montecarlo
1 de agosto	Montecarlo, Savona
2 de agosto	Savona, Génova, Milán
3 de agosto	Milán, Piacenza
4 de agosto	Piacenza, Pisa
5 al 7 de agosto	Roma
8 de agosto	Roma, Nápoles, Pompeya, Vesubio
9 de agosto	Capri, Roma
10 y 11 de agosto	Roma
12 de agosto	Roma, Florencia
13 de agosto	Florencia, Venecia
14 y 15 de agosto	Venecia
16 de agosto	Venecia, Innsbruck
17 de agosto	Innsbruck, Garmisch, Oberammergau, Múnich
18 de agosto	Múnich
19 de agosto	Múnich, Núremberg
20 de agosto	Núremberg, Württemberg
21 de agosto	Württemberg, Frankfurt, Colonia
22 de agosto	Colonia, Doorn, Utrecht, Ámsterdam
23 de agosto	Ámsterdam, La Haya
24 de agosto	La Haya, Amberes, Gante
25 de agosto	Gante, Ostende, Calais, Boulogne, Londres
26 de agosto al 1 de septiembre	Londres
2 de septiembre	Londres, castillo de Herstmonceux
2 al 3 de septiembre	Castillo de Herstmonceux
3 al 6 de septiembre	Kinross-shire
1938	Vacaciones con la familia en Francia

1939 – VIAJE EUROPEO

Febrero	Travesía hacia Inglaterra
	Londres
Marzo	Secretario de su padre
	Roma
Abril	París, Val d'Isère
Mayo	Dánzig, Varsovia
	Unión Soviética, Turquía, Palestina
Junio	Londres
Julio	Francia, Italia, Alemania
Agosto	Costa Azul, Múnich, Viena, Praga, Berlín, Londres
Septiembre	Londres, Glasgow
1940	Fin de los estudios en Ciencias Políticas
	Trabajo de fin de carrera: *Appeasement at Munich*
	Publicación: *Why England Slept*
1940-1941	Inicio de estudios en Stanford
1941	Viaje por Sudamérica
1941-1945	Servicio militar en la Marina de Estados Unidos
1943	Hundimiento de la PT 109
1944	Fallecimiento de su hermano mayor Joe
Junio de 1945	Corresponsal en la Asamblea Constituyente de las Naciones Unidas en San Francisco

1945 – VIAJE EUROPEO

Junio-julio	Inglaterra Irlanda París
28 de julio al 2 de agosto	Potsdam, Berlín Bremen, Bremerhaven Frankfurt Salzburgo, Berchtesgaden, Obersalzberg
1946	Campaña electoral, elecciones al Congreso
1947-1953	Cámara de Representantes
1948	Viaje por Europa y Alemania
1951	Viaje por Europa y Alemania
1953-1960	Senado
1960	Elecciones primarias, victoria electoral contra Richard Nixon
1961-1963	Trigésimo quinto presidente de Estados Unidos
3 y 4 de junio de 1961	Cumbre con Jrushchov en Viena
23 al 26 de junio de 1963	Visita a Alemania
26 de junio de 1963	Discurso en Berlín
22 de noviembre de 1963	Asesinato en Dallas

NOTAS BIOGRÁFICAS

John Fitzgerald Kennedy (1917-1963), apodado John F. Kennedy y más tarde conocido por sus iniciales «JFK», fue un político del Partido Democrático que desde 1961 a 1963 ejerció como trigésimo quinto presidente de Estados Unidos. En su mandato, durante el punto álgido de la Guerra Fría, se produjeron acontecimientos históricos como la invasión de la bahía de Cochinos, la crisis de Cuba, la construcción del Muro de Berlín, el comienzo de los viajes espaciales tripulados, la escalada de la guerra de Vietnam y el movimiento afroamericano por los derechos civiles. Debido a su juventud y su carisma, para muchos representaba la esperanza de una renovación de los Estados Unidos. Los motivos de su asesinato en 1963 siguen sin estar claros. De joven, Kennedy viajó en tres ocasiones a la Alemania nazi: en 1937, 1939 y 1945. Ahora, su diario de 1937, junto con el diario de su amigo y compañero de viaje Lem Billings, está disponible por primera vez traducido al castellano.

Kirk LeMoyne Billings (1916-1981), apodado «Lem», fue un amigo del colegio de John F. Kennedy e íntimo confidente durante toda su vida. Cuando eran estudiantes, emprendieron juntos un largo viaje durante el verano de 1937 a través de Francia, Italia, Austria, Alemania, Países Bajos y Bélgica hasta Inglaterra. Ambos escribieron diarios que se publican en este volumen por primera vez. Tras acabar sus estudios en la Universidad de Princeton y en la Business School de Harvard, Lem Billings trabajó como empresario en el sector de la publicidad. Ayudó a Kennedy en sus campañas electorales y en diferentes funciones durante su presidencia.

Oliver Lubrich es profesor de literatura comparada en la Universidad de Berna. Ha escrito acerca de la autodeconstrucción de Shakespeare y la poética poscolonial. Investigó junto con primatólogas y etnólogos «Los afectos de los científicos» y ha llevado a cabo con neurocientíficos estudios de laboratorio sobre retórica experimental. Ha editado numerosas obras de Alexander von Humboldt. En *Reisen ins Reich, 1933–1945* (*Viajes por el Reich, 1933-1945*) y *Berichte aus der Abwurfzone, 1939–1945* (*Informes de la zona de exclusión, 1939-1945*) documenta los testimonios sobre la Alemania nazi de autores internacionales como Virginia Woolf, Albert Camus, Jean Genet y Samuel Beckett. Entre sus publicaciones más recientes se encuentran *Thomas Wolfe – Eine Deutschlandreise* (*Thomas Wolfe, un viaje por Alemania*) y *Humboldt oder Wie das Reisen das Denken verändert* (*Humboldt o cómo viajar cambia la forma de pensar*), que será publicado próximamente por Vegueta.

Santiago Muñoz Machado es escritor, académico, editor y jurista especializado en derecho administrativo y constitucional; director de la Real Academia Española y presidente de la Asociación de Academias de la Lengua Española. Es también miembro de la Real Academia de Ciencias Morales y Políticas. Es autor de más de cuarenta libros entre los que sobresalen sus estudios sobre derecho e historia, ensayos políticos y biografías. Su obra más especializada la ha dedicado a la organización del Estado, regulación económica y servicios públicos. Es director del Diccionario panhispánico del español jurídico. Entre otros grandes galardones importantes, ganó en 2013 el Premio Nacional de Ensayo y en 2018 el Premio Nacional de Historia de España. Es catedrático de la Universidad Complutense de Madrid.

Vegueta simboliza el oasis cultural que florece en el cruce de caminos. Con el pie en África, la cabeza en Europa y el corazón en Latinoamérica, el barrio fundacional de Las Palmas de Gran Canaria ha sido un punto de llegada y partida y muestra una diversidad atípica por la influencia de tres continentes, el intercambio de conocimiento, la tolerancia y la riqueza cultural de las ciudades que miran hacia el horizonte. Desde la editorial deseamos ahondar en los valores del barrio que nos da el nombre, impulsar el conocimiento, la tolerancia y la diversidad poniendo una pequeña gota en el océano de la literatura y del saber.

Estamos eternamente agradecidos a nuestros lectores y esperamos que disfruten de este libro tanto como nosotros con su edición.